I0554647

www.ingramcontent.com/pod-product-compliance
Lightning Source LLC
Chambersburg PA
CBHW071113120626
46546CB00003B/1322
* 9 7 8 1 9 9 0 7 6 0 8 6 0 *

ای که با نامت جهان آغاز شد

دفتر ما هم بـه نامـت بـاز شـد

دفتری کز نام تو زیور گرفت

کار آن از چرخ بالاتر گرفت

یک بار برای همیشه زندگی کنید

نویسنده: عباس عظمتی

قوی سیاه فرهنگ ایران

آیا تا کنون یک قوی سیاه دیده‌اید؟

آیا شما هم باور دارید که تنها قوی سفید وجود دارد؟ باور به وجود قوی سیاه شاید دور از ذهن باشد؟ شاید هنوز یک قوی سیاه به چشم ندیده‌اید؟ قبل از کشف استرالیا هیچکس نمی‌دانست که قوی سیاه وجود دارد و همه خیال می‌کردندکه امکان‌پذیر نیست اما زمان کشف استرالیا قوی سیاه که قویی بسیار زیبا و کمیاب بود دیده شد. و بسیاری از مردم باور کردند که قوی سیاه نیز وجود دارد.

و ما، یعنی خانه انتشارات کیدزوکادو، قوی سیاه را در فرهنگ ایران بوجود آوردیم. قوی سیاهی که امکان وجود و باورش سخت بود.

هم‌زبانان ما نیز شاید از وجود یک انتشارات رسمی خارج از ایران که این امکان را به پدیدآورندگان یک اثر فرهنگی برای انتشار اثرشان در سراسر دنیا بدهد و همچنین دسترسی به کتاب فارسی را به علاقمندان کتاب در سراسر دنیا آسان کند، خبر نداشتند و انتشار و تهیه کتاب فارسی از یک بستر جامع مانند قوی سیاه غیر ممکن به نظر می‌رسید.

افتخار داریم که سهم کوچکی در گسترش فرهنگ غنی‌مان داریم و امکان انتشار آثار به فارسی و هر زبان دیگری را برای اولین بار برای نویسندگان فارسی‌زبان میسر کردیم. امکان جهانی‌شدن پیامشان و رسیدن صدایشان به دنیا را...

و اما برای ما غربت‌نشینان، سفارش کتاب فارسی از **آمازون** و یا هر وبسایت کتاب‌فروشی و دریافت‌اش درب خانه، لحظه گشودن آن بسته، بوی کتاب و ارتباط با زبان مادری بسان دیدن قوی سیاه شگفت انگیز است.

در رسالت ما یعنی، در دسترس گذاشتن سریع و آسان، آثار و فرهنگ غنی ایران و معرفی نویسندگان ایرانی به فرزندان ایران، به کتاب دوستان ایرانی و به تمام دنیا، همراه ما باشید.

بخوانید تا دنیا را احساس کنید. *Read the words feel the world.*

خانه انتشارات کیدزوکادو

قوی سیاه برگرفته از کتاب قوی سیاه نوشته نسیم طالب

سریال کتاب:P2345110132
عنوان: یک بار برای همیشه زندگی کنید
پدید آورنده: عباس عظمتی
طراح جلد: ایران تایپیست
شابک/ISBN: 978-1-990760-86-0
موضوع: روانشناسی موفقیت
مشخصات کتاب:Paperback Book ، سایز وزیری
تعداد صفحات: ۸۶
تاریخ نشر در کانادا: آگوست ۲۰۲۳

هر گونه کپی و استفاده غیر قانونی شامل پیگرد قانونی است.
تمامی حقوق چاپ و انتشار در خارج از کشور ایران محفوظ و متعلق به انتشارات و نویسنده می‌باشد.
Copyright @ 2023 by Kidsocado Publishing House
All Rights Reserved

Kidsocado Publishing House
خانه انتشارات کیدزوکادو
ونکوور، کانادا

تلفن: +1 (833) 633 8654
واتس آپ: +1 (236) 333 7248
ایمیل: INFO@KIDSOCADO.COM
وبسایت انتشارات: HTTPS://KIDSOCADOPUBLISHINGHOUSE.COM
وبسایت فروشگاه: HTTPS://KPHCLUB.COM

فهرست

مقدمه

در این کتاب «یک‌بار برای همیشه زندگی کنید.» کشف خواهید کرد که چگونه دست بر روی زانوهای خود بگذارید و با قدرت و خِرد خود بلند شده و **معنای تازه** به زندگی خودتان ببخشید تا به کمال و آرامش، به اهمیت درونی و بیرونی زندگی خودتان برسید، تا بهترین روابط، بهترین زندگی و متفاوت‌تر از یک گذشتهٔ ناآرام خود ایجاد کرده و با تفاوت بسیاری آن را در گذر عمر مفید خود به نمایش بگذارید. زندگی و شرایطی برای خود رقم بزنید تا بهترین تجربه‌ها را به دست آورید و هنر لذت بردن از تغییر مسیرغفلت به مسیر آگاهی و آرامش یک زندگی درست عالی را سهم خودِ واقعی‌تان کنید تا همیشه بهترین و با ارزش‌ترین ساحل‌های آرامش و اطمینان را سهم خودِ واقعی‌تان گردد. سعی کنید در وادی زندگی، اهمیت خودآگاهی و شروع فصل تازه‌ای از زندگی را تجربه کرده و تاثیرات عالی در کانون گرم خانواده و جامعه را از خود به نمایش بگذارید و با پشت سر گذاشتن رویدادهای خوب و بد و کسب تجربه‌های درست و عملی کردن درس‌هایی که از معلم بزرگ گذشته آموخته‌اید، با در نظر گرفتن تجربیات آینده‌ساز خود به موفقیت و لذت‌های نامحدودی برسید.

در هر **محیط و جایگاهی** که به سر می‌برید، در روزهای خوب و بد زندگی، با کسب آگاهی و دست گذاشتن بر روی زانوهای خود، با ایمان کافی و تکیه کردن به بزرگترین تکیه‌گاه بشریت، بلند شده و شهامت روبرو شدن با اتفاقات را داشته باشید، زیرا آن‌ها نشان‌دهندهٔ جسارت، شجاعت، اعتماد به نفس، عزت نفس

انسانی شما هستند و احساس درونی شما را در چگونگی پاسخ به تشخیص درست از رویدادهای بیرونی نشان می‌دهند.

زانوی غم بغل کردن و انجام اشتباهات در روزهای خوب امروزتان، پدید آورندهٔ روزهای بد فردایتان هستند و رفتارهای عاقلانه و خردمندانهٔ شما را در گذر عمرتان پدیدآورندهٔ روزهای موثر و تاثیرگذار روزهای خوب فردایتان خواهد بود.

پیشگفتار

بخش بزرگی از **رویدادها** و **پدیده**های آگاهی و ناآگاهی که ما را در میان گرفته‌اند، بیرون از اراده وکنترل ما هستند؛ اما واکنش به همهٔ رویدادها، آگاهی‌ها و غفلت‌ها به أراده و کنترل ما بستگی دارد. بنابراین می‌توان گفت که راز بزرگ موفقیت و بلند شدن و رها سازی زانوی غم بغل کرده، **نیک‌فرجامی** و **بدفرجامی،** شادی و ناشادمانی، توسعه و رشد عقب‌ماندگی خود انسان‌ها، به چگونگی واکنش‌ها به عوامل آگاهی و بیرونی ما نهفته است. از سوی دیگر واکنش و شروع زندگی جدید و تولد دوباره، به مجموعه رفتارها و عملکردها در شرایط کار و زندگی، از آگاهی و باورهایمان سرچشمه می‌گیرند. اگر با ارزیابی و بازارزیابی مداوم آگاهی و باورهایمان بتوانیم با تجربهٔ خود آن‌ها را بشناسیم و در راستای بهبود بهتر زندگی کردن تغییر جهت داده و شهامت شروع فصل تازه‌ای از زندگی را داشته باشیم، به درستی که گام‌های اساسی و پایداری در راه بهتر زیستن یک انسان و رسیدن به آرامش و اطمینان خویشتنِ خود و حتی دیگران برداشته‌ایم.

یک‌بار برای همیشه زندگی کنید.

در این کتابِ با ارزش می‌خواهیم به موضوعاتی برای رسیدن و معنا بخشیدن به یک زندگی درست و اصولی بپردازیم، برای رسیدن به این هدف، باید یک‌بار برای همیشه فکری به حال فکرمان بکنیم تا به ارزش واقعی رسالت انسانی برسیم و با طراحی سوالات مثبت و تأثیرگذار خودمان را کشف کنیم. سوالاتی مانند:

- چگونه شهامت تغییر یک زندگی را داشته باشیم؟
- چگونه بتوانیم درک کنیم که یک‌بار برای همیشه زندگی کنیم؟
- چگونه بتوانیم یک‌بار برای همیشه، بهترین تصمیم زندگی خودمان را بگیریم؟
- چگونه بتوانیم زانوهای بغل کردهٔ خود را یک‌بار برای همیشه، رها کنیم؟
- چگونه بتوانیم یک‌بار برای همیشه، آن‌گونه که دوست داریم، برای دل خودمان زندگی کنیم؟
- چگونه بتوانیم با خرد و درایت کافی، با آگاهی لازم، با قدرت و بینش خود، بدون **مغرور** بودن، یک زندگی را ادامه دهیم و بتوانیم با عزت بسیار، اشک‌های شوق سرازیر شده در زندگی را از روی چهره‌هایمان در میان همه پاک کنیم؟
- چگونه یک‌بار برای همیشه، انتخاب‌های خودمان را در دست بگیریم؟
- چگونه اهداف‌مان را یک‌بار برای همیشه، خودمان انتخاب کنیم؟

- چگونه یک‌بار برای همیشه، بلند شویم از زندگی‌مان شاهکار بسازیم؟
- چگونه یک‌بار برای همیشه، فصل تازه و متفاوت‌تر از گذشتۀ خود شروع کرده و آن را ادامه بدهیم؟

می‌خواهیم با رسیدن به پاسخ سوال‌های ذهنی‌مان یک‌بار برای همیشه، درست زندگی را شروع کنیم تا به رسالت واقعی خود پی ببریم که کی هستیم و از کجا امدایم و آدرس مقصدمان کجاست...

«چگونه باید شهامت تغییر یک زندگی را داشته باشیم؟»

اجازه دهید لب به سخن باز کنم و دربارهٔ شهامت تغییر یک زندگی برای شما عزیزانم بگویم. شما خوانندهٔ عزیزی که این کتاب را انتخاب و مطالعه می‌کنید، باید بدانید دنبال چه چیزی هستید؟ می‌خواهید به کدام مرحله از زندگی، روابط و شرایط کاری بروید؟

من یقین دارم که شما عزیزان از جسارت و شهامت کافی برای ادامهٔ زندگی **برخوردار** می‌باشید؟ در این صورت برای تغییر سبک زندگی و ایده‌هایی که برای آن در سر می‌پروراندید، تا به امروز چه گام‌هایی برداشته‌اید؟ از چه فراز و نشیب‌هایی عبور کرده‌اید؟ کدام تلخی و شیرینی‌ها را تجربه کرده‌اید؟

با خودتان **صادق** باشید و به این سوالات تعیین‌کنندهٔ زندگی، صادقانه پاسخ دهید.

بکله در مسیر حرکت زندگی، بسیار مهم و حیاتی است که از خودتان چه سوالاتی می پرسید. زمانی که انسان به خاطر کارهایی که انجام می‌دهد، از خود سوال بپرسد که چرا باید این کار را انجام دهم؟ برای چه باید آن را انجام دهم؟ یا اگر شروع نکنم چه مسائلی در مقابلم به وجود می‌آید؟ خصوصاً در پاسخ به این سوالات، همیشه سعی کنید از **جایگاه** واقعی خود استفاده کنید و از خود واقعی تان نهایت اطمینان خاطر را داشته باشید.

نسبت به کار، روابط، مسیر زندگی و مسیر شغلی که در سر دارید، نیتتان مهم هست. نیت خوب و درست برای شروع اهداف، تاثیرات مثبتی به عمل می‌آورد و شما عزیزانم! چه نیتی در مسیر حرکت و ورق زدن فصل تازه‌ای از زندگی دارید؟ آن زمان است که خیلی زود متوجه می‌شوید خصوصیات اخلاقی و دیدگاه شما نسبت به نیتتان برای انجام و شروع کار چیست و چگونه است.

آیا ما انسان‌ها اگر **ادعا** می‌کنیم بهترین هستیم، واقعاً در خلوت خود زمانی که در مقابل آینه قدی ایستاده‌ایم و با خود **ملاقات** داشته‌ایم که آری ما بهترین هستیم؟

آیا از آگاهی‌های کافی که لازمهٔ **تغییر** یک زندگی هست، برخوردار هستیم؟

اگر انسانی با خود روبرو شود و جسارت خود را محک بزند، می‌تواند بهترین نوع زندگی را ادامه بدهد. شما عزیزانم! تا به امروز چندین کتاب در زمینهٔ زندگی یا رسیدن به یک موفقیت مطالعه کرده‌اید و آیا آن‌ها را برای خود تجزیه و تحلیل کرده‌اید؟ شهامت **کشف خویشتن** را دارید؟ جسارت تغییر دارید؟ اگر به پاسخ سوال‌های ذهنی‌تان رسیده باشید، متوجه محتوای این کتاب می‌شوید که باید **برخیزید**، بله، برخیزید تا فکری به حال فکرتان و آیندهٔ خودتان کنید که باید تمام نشدن‌ها و غیرممکن‌ها را **رها** کنید؛ باید سبکی بسازید که واقعاً ارزش و رسالت شما را حفظ کند. روبه‌روی آینهٔ قدی و زیبای خود قرار بگیرید تا خودتان را دریابید. باید فکری به حال فکرتان کنید. شما عزیزانم که امروز جسارت پیدا

کردید تا کتابی برای بهبود بهتر زندگی کردن‌تان انتخاب و آن را حفظ و مطالعه کنید، پس، از تمامی حاشیه‌ها دوری کنید، آن حاشیه‌ها، چه افراد **منفی** باشند، چه صفحات **مجازی** و... آن‌ها را رها کنید و خودتان را دریابید، یک‌بار برای همیشه زندگی کنید، یک‌بار برای همیشه با خود ملاقات داشته باشید و از **رمز** و **رازهای درونی خودتان آگاه** باشید. بیندیشید که چگونه و چه راهی برای مقابله با ترس‌ها و استرس‌ها وجود دارد، به دل آن‌ها بروید، باید دربیابید که از شهامت لازم برخوردار هستید. یک دفتری برای خودتان پیدا کنید و تمامی **استعدادها، مهارت**‌ها، **ترس**‌ها، **استرس**‌ها و **اظطراب**‌هایتان را بر روی آن بنویسید و مشخص کنید چگونه باید با آن‌ها روبرو شده و در زندگی‌تان آن‌ها را پیاده یا از آن‌ها دوری کنید. فکر کنید اگر تمامی این ترس‌ها و استرس‌ها را کنار بگذارید، تا پنج سال آینده کجا هستید؟ چه جایگاهی دارید؟ ماشینی که سوار می‌شوید، چیست؟ همسری که با آن زندگی می کنید، کیست و برای ادامهٔ زندگی چقدر رشد و توسعه یافته اید و چه خصوصیت‌هایی جایگزین کرده اید ،برخوردار هستید؟ فکر کنید که چه موفقیت‌هایی دارید و به چه چیزهایی دست یافته‌اید؟!

حال برعکس تصور کنید، اگر به خودتان نیندیشید، مطمئن باشید جایی که الان هستید پنج سال دیگر نیز در جایگاهی هستید که اکنون در آن به سر می‌برید و پیشرفتی نخواهید داشت، ولی در صورت پرداختن و شناخت خود، در مقایسه با گذشته تفاوتی دارید و نابودی ترس، استرس، **حقارت و...** را احساس می کنید.

حال با همهٔ اینها بازهم می‌خواهید در جای خود بایستید؟ مگر شما آفریده شده‌اید که در یک‌جا بمانید؟ آیا منتظر دست یاری از دیگران هستید؟ منتظر تایید گرفتن از دیگران هستید؟ این کتاب برای آدم‌های مُرده و افرادی که انگیزه برای زندگی کردن ندارند، نمی‌تواند راهکار یا پیشنهادی داشته باشد و صرفاً برای انسانی که شجاعت سرمایه‌گذاری برای زندگی خود را دارد، اشاره و پیشنهاد داده می‌شود.

زندگی **رهگذری** است که باید از آن نهایت لذت و **پذیرش** بهترین زندگی را برد و این تنها برای یک انسان خودآگاه و شایسته به ارمغان خواهد آمد. حال خودتان را دریابید، از چه شخصیتی برخوردار هستید؟ آیا فکر می‌کنید قدرت تغییر و تولد دوباره را دارید؟! کجای این زندگی قرار گرفته‌اید؟ لطفاً خودتان را دریابید، چشمانتان را ببندید و به حال روز خودتان بنگرید که واقعاً چه کسی هستید؟! از خودتان سوال کنید چه کسی هستید؟ چه رسالتی دارید؟ به چه علتی پا بر این کرهٔ خاکی گذاشتید؟ از چه قدرتی و شهامت و جسارت برخوردار هستید؟ آیا دیگر زمان آن نرسیده است که با خودتان رو به رو شوید؟ آیا قدرت پذیرش تغییر زندگی خود را دارید؟ آیا پذیرش سفر تازهٔ زندگی‌تان بر عهده خودتان است؟ آیا پذیرش شرایط زندگی با تمام سختی‌هایش را می‌توانید **درک** کنید؟ آیا قدرت ترک تمام آدم‌های منفی و حاشیه‌های زندگی را دارید؟ آیا قبول دارید که هیچ کسی **کامل** نیست؟ آیا قبول دارید که شما موجود زنده هستید و نفس می کشید و قادر هستید بهترین‌ها را خلق کنید؟!

شما انسان **محترم** و **فوق‌العاده‌ای** هستید و از **ارزش**‌های **بالایی** برخوردارید و توانایی و استعدادهای **خارق العاده**‌ای دارید و باید با دیدهٔ باز و آگاهی تمام **افسار** زندگی و حق انتخاب‌ها را در دست بگیرید و به بهترین‌ها برسید. بنابراین برای رسیدن به اهدافی که مهارت و استعدادهای لازم را برای آن دارید، **گام‌های استوار** بردارید.

- آیا شجاعت پذیرش اشتباهی بودن در زندگی دیگران را دارید؟
- آیا شهامت این را دارید که شما هم انتخاب‌های نادرستی در کار و زندگی‌خود داشتید؟
- آیا تا به امروز روبروی آینهٔ قدی زیبای خود ایستاده‌اید و با خود فکر کرده‌اید که یک موجود زنده و کامل نیستید؟
- آیا با خودتان خلوتی داشتید و به این اندیشیده‌اید که برای بلند شدن، ساختن و رسیدن به یک زندگی درست و خداگونه، نباید از هیچ‌کسی **انتظار** داشت؟

شما باید یک‌بار برای همیشه تمام **واقعیت**‌ها را بپذیریدو با واقعیت ها ادامه دهید و آگاه باشید و بدانید که برای داشتن یک زندگی دلخواه باید شجاعت و شهامت داشته باشید، **موفقیت به خواستن و طلب آن نیاز دارد.**

اگر هزاران نفر بگویند نمی‌توانید زندگی خود را تغییر بدهید، باید در یک کلام به آن‌ها بگویید که این زندگی خودم هست من خود می‌دانم که باید چه فکری

برای آیندهٔ دلخواه خود، بکنم، بگوئید که هیچ‌کسی **بهتر** و **تواناتر** از من نیست و من به کاری که انجام می‌دهم ایمان دارم و مطمئن هستم که موفق خواهم شد.

سعی کنید در زندگی شهامت «**نه گفتن**» را داشته باشید. به تمامی افرادی که در انتخاب‌های شما شک می‌کنند بگویید من می‌دانم که چگونه و از چه مسیری برای رسیدن و معنا بخشیدن به زندگی خود عبور کنم.

با به کارگیری عبارت: «**نه ،نمی توانم،نمی‌شود ،نمی‌خواهم**» یک‌بار برای همیشه از سرزنش کردن خود و اشتباه این که اجازه دادید برای زندگی شما **تصمیم** گرفته شود، در امان خواهید بود. باید بپذیرید که زندگی و حق انتخاب‌ها برای خودِ واقعی‌تان هستند و هیچ‌کس حق این را ندارد که در زندگی و کار شما دخالت کند.

شما باید تمام شهامت، جسارت، مهارت و استعدادهای خودتان را برای برپا کردن یک زندگی درست و متفاوت در نظر بگیرید. دنبال کار و اهدافی باشید که واقعاً با تمام وجود به آن‌ها **ایمان** و **باور** دارید و جسارت روبرو شدن با **ایده**‌هایی که در ذهن خود دارید را داشته باشید. مهارت‌ها و استعدادها برای عملی کردن رویاها و اهداف می‌تواند به نحوی باشد که در آن موفق باشید، روز به روز متفاوت‌تر و بهتر از گذشته بوده و بهترین روابط، بهترین سود و درآمد و بهترین ساحل‌های زندگی را **سهم** خودتان کرده باشید.

یک‌بار برای همیشه با خود واقعی‌تان رفتار کنید، یک‌بار برای همیشه خودتـان را **دوست** داشته باشید. اگر خودتان را با ارزش و بـا **لیاقــت** بدانیـد، مطمئناً بـه فصل‌های تازه‌ای از زندگی می‌رسید و بهترین فصل از زندگی با ارزشمند خود را ورق خواهید زد. پس لطفاً یک‌بار برای همیشه با خود واقعی‌تـان برخـورد کنیـد، ذهنتان را از تمام حاشیه‌ها و شکست‌های گذشته **خالی** کنید.

شما قدرت روبرو شدن و برپا کردن زنـدگی جدیـد را داریـد. وقتـی از جسـارت، شهامت، مهارت و استعدادها حرف می‌زنیم باید آگاه باشید و خودتـان را دریابیـد که توانایی **محقق** کردن اهداف و خواسته‌هـا و تغییـر یـک زنـدگی متفـاوت و اصولی را دارید. اگر شما بخواهید دنبال اهداف و خواسته‌هایتان بروید، باید توجه داشته باشید که عمل کردن به علم به دست آمده، خود باعث رشـد و پیشـرفتان می‌شود و اگر غیر این باشد در مسیر حرکت با سیلابی از مشکلات مواجه خواهید شد؛ پس قبل از شروع مسیر حرکت، از خود و باورهای درست‌تان آگاه باشـید تـا خدای ناکرده با شکست و ناکامی همراه نباشید. شرایط زندگی و کـار خـود را بـا اصول و تشخیص درست و مفید در نظر بگیرید و ادامـه دهیـدو مطمـئن باشـید بی‌شک به **سخاوتمندی** می‌رسید.

برای پیشرفت هر فرد، لازمهٔ موفق شدن، **حرکت و پیش‌روی** در میسر است، نه به **نقطهٔ پایان** رسیدن! شما برای این که در مسیر درست قرار بگیریـد، اول باید ذهنیت مثبت و افکار شاد و احساسات عالی داشته باشید و ذهنتان را از تمام **برنامه‌ها**، **اهداف** و **الگوهای** دیگران خالی کنید.

دنیا پر از افراد موفق و ثروتمند است، اما شما در مسیری که مـی‌خواهیـد شـروع کنید، سرچشمهٔ آن باید از درون و انتخاب خودتان باشد، هیچ وقت نسبت به کـه کاری که انجام می‌دهید، **تقلید و** الگوبرداری نکنید که جز پشیمانی هیچ سودی نخواهد داشت. پس بهتر است اهدافتان را همراه بـا **شور** و**اشتیاق،** نسـبت بـه استعداد و مهارت خودتان انتخاب کرده و ادامه بدهید و مهارت لذت بردن از هـر آنچه را که در زندگی دارید در خودتان ایجاد کنید. شما بایـد بـه بهتـرین شـکل ممکن مهارت خود را محک بزنید که در چه کارهایی بهترین مهارت را داریـد و آن‌ها را باید انجام بدهید و در تمامی لحظات زندگی ایـن را در خـود **پـرورش** بدهید که نباید به خاطر سختی مسیر، از لذت‌های اطراف آن بی‌بهره بمانید. باید درک کنید که قدرت مهارت و انرژی لازم را برای ادامهٔ زندگی و رسیدن و معنـا بخشیدن به آن و رسیدن به کمال و موفقیت در اختیار خودتان است.

سعی کنید خواسته‌های واقعی زندگی‌تان را **شناسایی** کنید که چه می‌خواهیـد؟ و چرا باید شروع به ورق زدن فصل تازه و متفاوت‌تـر از گذشـتهٔ نـاآرام خودتـان کنید، در یاد داشته باشید زمانی که می‌خواهید با مهـارت‌هـای خـود اهـدافتان را انتخاب کنید، بی‌شک به ثروت و محبوبیت و فراوانی‌ها خواهید رسید؛ آن ثـروت چه آگاهی باشد، چه مادیات و چه جایگاه معنوی، سعی کنید از **صـورتک**‌هـای **اجتماعی** واقعی انسان بودن استفاده کنید.

همهٔ تجربه‌ها و رویدادهای خوب و بـد، یـک **مـاجراجویی** سـاده اسـت، ایـن مـاجراجویی شـامل دانـش و تجربـه و **اسـتراتژی آینـده نگـری** و نظـم و

انضباطی است که باید به آن‌ها توجه ویژه داشته باشید. باید تشخیص دهید که آیا برای رفتن در آن ماجراجویی‌ها مهارت کافی را دارید؟! به تمامی خصوصیات خوب و با ارزش خودتان توجه کنید تا اعتماد به نفستان بالا برود، همیشه باید در یاد داشته باشید که اصل موفقیت و ساختن یک زندگی درست و متفاوت این است که به خودتان **رجوع** کنید، به تمامی اهداف و مسیرهایی که باید با آگاهی از آن‌ها عبور کنید.

اصل موفقیت، روبرو شدن با کشف این حقیقت است که باید به خود **متکی** باشید، باید خود واقعی را در دایره‌ای از کارها، مسیر، مقصد و اهدافتان ملاقات کرده و با برنامه‌ریزی درست بتوانید آگاهی لازم برای رسیدن به تمامی این لذت‌ها، آرامش و نشاط را پیدا کنید و از تمامی مسیرهای آن نهایت لذت را ببرید. بهترین کار این است که دنبال کشف خود بروید، روبرو شدن با خود، بهترین و تاثیرگذارترین زندگی را می‌تواند برای هر انسانی که دست بر روی زانوهای خود گذاشته، به ارمغان آورد و شروع فصل تازه و متفاوتی را نویدبخش باشد و بهترین سکوی پرتاب به سوی زندگی عالی و مدرن و نزدیک شدن به **قلهٔ** موفقیت است. پس اگر تا به امروز به هر دلیل و بهانه‌ای، جسارت و روبرو شدن و کشف خویشتن را نداشتید، پس شما یک انسان **مُرده** یا **شکست‌خورده** هستید و آن را باید در یاد داشته باشید این وضعیت کنونی را باید تا کی و تا چه حدی باید تحمل کنید، آیا وقت آن نرسیده است کار یا زندگی‌ای که به دلخواه خودتان بوده را شروع کنید و ادامه بدهید؟

می‌خواهم چیزی را برای شما بگویم. شما در زندگی و شرایط کار به چه کسی **گوش** می‌دهید؟ به کسی که از شما داناتر است یا کسی که از شما کمتر است یا به کسی که پیشنهادهای دلنشین می‌دهد، گوش می‌کنید تا به جواب سوال‌های خودتان برسید؟ شما باید در زندگی بدانید که به چه کسی گوش می‌دهید، شما باید دریابید چه مسیری را با کدام الگو یا کدامین افراد ادامه می‌دهید، آیا واقعاً می‌توانند شما را با **راهنمایی**‌های درست و مفید و تاثیرگذار به سوی اهداف‌تان راهنمایی کنند؟ کدامین انتخاب، کدامین سبکی از زندگی را برای بقیهٔ گذر عمر خود انتخاب می‌کنید؟ با کدامین **فردیت** می‌توانید ادامه بدهید؟ «**شکست خورده**‌ها، **غافلان** زندگی یا افراد **باهوش** و **آگاه**، **موفق** و **خردمند**» شما باید از بین این دو فردیت، یکی را انتخاب کنید تا بتوانید با جسارت و استعداد خویش و البته با خِرد و آگاهی خود به سوی زندگی یا تغییر فصل جدید حرکت کنید، اهداف و **نیازهایتان** را بنا بر خواسته، ارزش، اصالت و رسالت انسانی خود انتخاب کرده و به تلاش و کوشش برای رسیدن و معنا بخشیدن به زندگی‌تان ادامه دهید. از انتخاب و کشف خودتان آگاه باشید، این خودِ واقعی و آگاه‌تان است که باید انتخاب کند.

شما هزاران کتاب و مقاله دربارهٔ رسیدن به زندگی درست و مفید را مطالعه کرده‌اید، ولی اگر به آن‌ها عمل نکرده باشید، هنوز از جسارت کافی برخوردار نیستید. شاید مطالعهٔ یک کتاب، هرچند مفید و تاثیرگذار باشد و حرف‌های خوبی

برای ادامهٔ مسیر زندگی داشته باشد، ولی اگر به مطالب آن عمل نکنید، در زندگی مثل این می‌ماند که شما یک **انبار** پر از کتاب‌های درسی و آموزشی روی هم **تلمبار** کرده‌اید، بی‌آن‌که بخواهید از یکی از آن‌ها استفاده کنید زیرا این کتاب‌ها برای ادامهٔ زندگی و کار خود هیچ تاثیری نداشته است. پس باید توجه داشته باشید که به چه کسی گوش می‌دهید، چه **کتابی** می‌خوانید، تا چه اندازه‌ای درون انبارتان، مطالب خوب و بد دارید. باید از اول شروع به خانه‌تکانی وجود کرده و از اولین کتاب‌های آموزشی برای بهبود زندگی‌تان، یک‌بار برای همیشه، به صورت درست و مفید مطالعه کنید تا ثمرهٔ آن را در دنیای بیرون‌تان ببینید.

- یک‌بار برای همیشه، خودتان را دریابید که **چه کسی** هستید و باید چه اهدافی برای زندگی خود برگزینید و چه شجاعتی دارید؟

خودتان را با خودِ واقعی‌تان روبه‌رو کنید، اگر تا امروز سوال‌هایی داشتید که نمی‌توانستید به جواب آن‌ها برسید، اینجا شاید بتوانید به درصد کمی از پاسخ پرسش‌های خودتان برسید.

از جسارتی که در زندگی دارید، برای روبرو کردن خود امتحان کنید، ترس نداشته باشید، با خودتان روبه‌رو شوید، صادقانه جلوی آینهٔ قدی زیبای‌تان بروید و به کسی که در آینه می‌بینید بگویید که شخصی که از درون آینه به من نگاه می‌کند، کیست؟

«این بهترین **رسالت** و **پیام** این کتاب هست که انسانی از **خود سوال** کند که **به راستی او کیست**، از **کجا** آمده و به کجا می رود، **خویشتنِ** خود را کشف کردن، بهترین و با**ارزش**ترین **رسالت** یک انسان **خودآگاه** و **شایسته** است»

از آینه به خود نگاه کنید و سوال کنید از چه جسارت، شجاعت، مهارت و استعدادی برخوردار هستید، با **شخصیتی** که درون آینه می‌بینید حرف بزنید و بگوئید آیا این زندگی انتخاب توست؟ باید با چه ابزاری و از چه مسیر عبور کنید و به کدامین لذت‌ها برسید؟ تو که خود را داناتر و خردمندتر می‌دانی از چه **بال**هایی برای ادامۀ زندگی برخوردار هستی؟ ترس نداشته باشید با **اعتماد به نفس** روبروی آینۀ خودتان بایستید و بگویید که آیا برای شروع و ادامۀ حیات خود انگیزۀ لازم را دارید؟ آیا شجاعت و اشتیاقی برای ورق زدن فصل تازه‌ای از زندگی را دارید؟ به خود بگویید، شجاعت و اشتیاق سوزان در زندگی و ادامه حیات، **نقشی** بسیار مهم و ارزشمندی دارد، آیا توان ادارۀ آن را دارید؟ آیا برای کسب تجربه و بالابردن سطح آگاهی خود شجاعت و جسارت **دانا** شدن را دارید؟

- آیا شهامت موفق شدن و رسیدن به اهداف و از سیلاب مشکلات عبور کردن را دارید؟
- آیا برای رسیدن به خودآگاهی و خود **بیداری** شجاعت کافی دارید؟

- آیا برای زندگی کردن و شروع فصل تازه، به اندازهٔ کافی دلیل برای ادامـه آن دارید؟
- آیا شجاعت رویاپردازی و رسیدن به بهترین‌های زندگی خود را دارید؟

باید از شخصی که درون آینه‌های قدی و زیبای خود می‌بینید، ایـن سـوال‌هـا را بپرسید که آیا واقعاً از صورتک‌های اجتماعی و واقعی خود استفاده می‌کند؟! آنگاه است که به جواب سوال‌های خودتان می‌رسید و برای ادامهٔ کسب و کار یا زندگی می‌توانید خودتان را دریابید و روی خودتان حساب کنید، آن زمان است که درک می‌کنید در زندگی و کار و در همهٔ شرایط، این **خودتان** هستید کـه مـی‌توانیـد خود را **شکست**خورده یا **موفق** بدانید.

در یاد داشته باشید که هیچ‌کسی نمی‌تواند شما را موفق یا شکسـت‌خـورده کنـد، بلکه انسان از **خود واقعیِ خود،** شکست‌خورده یـا موفـق مـی‌شـود. ایـن کـه روبروی خود قرار بگیرید و احساسات خوب و بـد، شـناخت، شـجاعت، جسـارت، مهارت و استعداد خود را محک بزنید ممکن است دقایق، ماه‌ها یا حتی سـال‌هـا ادامه داشته‌باشد تا ا ین که بتوانید خودِ واقعـی‌تـان را پیـدا کنیـد و بـه مقصـد و لذت‌ها و اقیانوس **نامحدود خداوند یکتا** برسید. پس در زنـدگی سـعی کنیـد باهوش و درایت و خِرد خود، تصمیم جدی برای تولـد دوبـاره و درسـت زیسـتن خودتان بگیرید...

«چگونه بتوانیم درک کنیم که یک‌بار برای همیشه درست و مفید و تاثیرگذار زندگی کنیم؟؟»

ما در زندگی از چه درکی برخوردار هستیم؟! از بین هزاران مقصد و هزاران مسئله، چه درکی داریم؟ آیا تا به حال به این فکر کرده‌اید که باید چه درکی داشته باشید؟ تا به امروز از چه درک‌هایی برای زندگی و درک دیگران برخوردار بوده‌اید؟ توجه داشته باشید زمانی که می‌خواهیم از مسیر درست، مفید و تاثیرگذار حرف بزنیم، از چه دیدگاهی برای درک بقیهٔ مشکلات و دردها استفاده می‌کنیم؟ شاید یکی از افراد نزدیک شما دچار یک مشکل و مسئله باشد، آن را چطور درک کنیم بدون آن که برداشت و **قضاوتی** اشتباهی نداشته باشیم. چگونه از فرصت‌های زندگی و کارهای روزمره که با آن‌ها روبه‌رو می‌شویم، درک درستی داشته باشیم و هر فرصتی را برای ثروت و روابط مناسب‌تر استفاده کنیم تا بتوانیم یک زندگی متفاوت از گذشته یا وضعیت فعلی ایجاد کنیم. درست است، درک و فهم وضعیت و مشکلات دیگران نیز بسیار مهم و **حیاتی** است و باید با حس انسان**دوستی** و **خیرخواهی** با دیدگاهی متفاوت، درک **متقابل** داشته باشیم. اما همهٔ مسائل زندگی خود و شرایط کار را با چه اصول و با چه تحلیلی برای خود درک می‌کنید؟ با یک شکست، با یک نشدن، چه درکی از خود دارید؟ آیا واقعاً آن زمان استعداد و مهارت لازم را برای رسیدن به آن موقعیت نداشتید؟ چه درکی از شکست دارید؟ چه درسی از شکست یا اشتباه جایگاه **اجباری**

خودتان دارید؟ تا به امروز به شکست فکر کرده‌اید یا همیشه به سرزنش کردن خود مشغول بودید؟ وقتی به **محاسبه** شکست یا فراز و نشیب‌هایی که پشت سر گذاشتید بیندیشید، متوجه می‌شوید که آن‌ها را با **آگاهی ،شناسایی**، **تحقیق** و **بررسی انتخاب** نکرده بودید و اکنون به سرزنش کردن رسیده‌اید. شرایط کاری، اشتباه افراد منفی و حاشیه‌های بی‌معنی را در خودتان ببینید و آن‌ها را یک‌بار برای همیشه کنار بگذارید.

اگر امروز شهامت پذیرفتن کارهای اشتباه یا شکست‌خورده خود را داشته‌باشید، صادقانه می‌توانید به چندین سوال که در ذهنتان در حال شکل‌گیری هستند، پاسخ بدهید. فکر کنید از چه اصول و ابزاری در شکست کار و روابط‌تان، استفاده کرده‌اید و چه مسیرهایی برای رسیدن به مقصد سپری کرده‌اید، از این شکست و از این مسیر چه تجربه‌ای به دست آوردید، زندگی خود را با چه **دیدگاهی** درک می‌کنید یا بهتر است بگوییم درک کرده‌اید.

شاید هزاران درک و تشخیص وجود داشته باشد، اما شما برای خود چه دیدگاه و درکی دارید؟ بسیاری از افراد به خوبی می‌دانند که هزاران مسیر و مقصد، هزاران **درد** و **درمان** وجود دارد، ولی برای یک مسئلهٔ خاص، فقط یک درک و تشخیص درست وجود دارد، بنابراین باید با خرد، هوش و درایت با مسائل **مقابله** کرد و با وجود فراوانی درد و درمان، مقصد و الگو، فقط یک درک و تشخیص درست را به کار بست. درکی که باعث بهبود زندگی یا روابط عاطفی و رسیدن به

ثروت و رونق دادن به کسب و کار و ورق زدن فصل تازه‌ای از زندگی باشد. می‌توانید قدم بر پلهٔ اول موفقیت بگذارید، درک و فهم درست و مفید می‌تواند به زندگی، روابط، شرایط کاری، همه و همه، رنگ و بوی زیبا ببخشد و قدمی باشد برای سرانجامی که در نظر دارید و آن‌گاه می‌توانید احساس سربلندی، پایداری، شادی و نشاط را در دنیای بیرون به وجود آوردید و به پرورش باورهای درست و مثبت از درونتان شروع کنید، تا اعتماد به نفستان افزایش یابد و با کمال **افتخار** به مسیر با ارزش خود ادامه بدهید.

تشخیص درست از **صداهای درونی** و بیرونی و تایید گرفتن ازخداوند یکتا می‌تواند به زندگی رنگ و بویی تازه ببخشد. کسانی که امروز ثروتمند یا موفق شدند، چه درکی داشتند؟ آیا غیر از این است که آن‌ها **عاشق** اهداف زندگی خودشان و خیرخواه دیگران بودند، اگر غیر این بود، آن‌ها هم در جای خودشان درجا می‌زدند. ولی این‌طور نیست، افراد موفق به خوبی می‌دانند و درک می‌کنند که تایید گرفتن و چشم انتظار دیگران بودن کار یا ایدهٔ خوب و عملی نیست و با این روش، نمی‌توانند قدم بر پله **خودآگاهی** بگذارند. افراد هوشیار و آگاه می‌توانند دنیای شخصی خود را آن**گونه** که می‌خواهند **بنا** کنند و در زندگی اهداف خود را با درایت، هوش و خرد خود انتخاب می‌کنند. آن‌ها به هیچ کس متکی نیستند و با هوش و داریت و درک خودشان، امروزه توانسته‌اند قدم بر پلهٔ موفقیت و معنا بخشیدن به زندگی خودشان بگذراند، حال شما از خودتان سوال

کنید «از چه درک و تشخیص درست در زندگی،روابط و شرایط کاری برخوردار هستید؟»با پاسخ دادن به این سوال، می‌توانید درصد کمی از الگوهای ذهنی و ایده‌هایی که در سر دارید را عملی کنید، می‌توانید نقطهٔ شروع خود را در نظر بگیرید تا با ناآرامی مواجه نشوید.

افراد موفق هیچ وقت نه الگوبرداری می‌کنند و نه از اهداف دیگران تقلید می‌کنند، آن‌ها تلاش می‌کنند که خود واقعی‌شان را نشان دهند، با توجه به جسارت، شهامت، خرد خود تمام اهداف و انتخاب‌ها را دست می‌گیرند، بی‌آن که به دیگران متکی باشند و رویاهای خودشان را به **واقعیت** تبدیل می‌کنند. حال شما با وجود تمام این درک‌ها و تشخیص‌ها از زندگی و شرایط کاری خود، باید از درک و هوش لازم برخوردار باشید که یک‌بار برای همیشه، زندگی و حق انتخاب‌هایتان را در دست بگیرید.

- آیا وقت آن نرسیده است که به خود بیاید و رویاهایی که در سر دارید را جامهٔ عمل بپوشانید؟

این را همیشه در نظر بگیرید که خود بودن و داشتن انتخاب‌های خود در زندگی نقش اساسی دارد.زمانی که شما در کتاب‌ها و مقاله‌ها مطالعه می‌کنید، می‌بینید که می‌توانید خودتان انتخاب کنید، بدانید که این انتخاب‌های درست و مفید و تاثیرگذار هستند که می‌توانند شما را به اوج یک زندگی درست و مفید و مقصد

شیرین و لذت‌بخش برسانند. این خود ما هستیم که با آگاهی و خرد خود، اهداف هدفمندی را شناسایی می‌کنیم تا به اوج لذت برسیم.

کسی که می‌خواهد در زندگی با بهترین‌ها روبرو شود، باید تمامی انتخاب‌ها برای خودش باشد، چه رشتهٔ تحصیلی، چه شریک زندگی، چه مکانی که در آن زندگی می‌کند، همه و همه، انتخاب‌هایی است که می‌تواند یک سبک درست و زیبا را برای ادامهٔ حیات به ارمغان آورد. «انسان ها با انتخاب‌هایشان زندگی می‌کنند، خوب یا بد، درست یا نادرست، بستگی به انتخاب هر شخصی برای ادامهٔ مسیر زندگی دارد.»

یادتان باشد اگر انتخابی دارید، انتخاب خودتان باشد، چون در صورتی که غیر این باشد، نتیجهٔ درست و درک عالی به دست نمی‌آورید. شما اکنون فکر کنید که در یک دوراهی قرار گرفتید، راه نخست، مسیری سخت و طاقت‌فرسا به سمت **پیروزی** و **سربلندی** و راه دوم، مسیری آسان به سوی ناآرامی و ناامنی است، پس باید شهامت انتخاب‌های درستی از تمام مسیر و مقاصد زندگی‌تان را داشته باشید. از فراز و نشیب‌های زندگی آگاه باشید، چون قرار است شما با این تصمیم‌ها و با این انتخاب‌ها بقیهٔ گذر عمر خود را با آن‌ها زندگی کنید. اهدافی که در نظر دارید، از نقطهٔ شروع نفس کشیدن تا نقطهٔ چشم گشودن، برای خودتان هستند. شروع فصل جدید و درک تشخیص زندگی خودتان را به خوبی و با اولویت‌بندی آن‌ها را یادداشت کنید و زمان رسیدن به آن‌ها را مشخص کنید. قدرتی که در نوشتن و درک آن موجود است، بیشتر از تمامی قدرت‌های هستی

است. اگر مسیر و مقصد و اهداف، ارزش رسیدن و لذت بردن از اقیانوس نامحدود را داشته باشد، باور کنید ارزش و قدرت نوشتن هزاران برابر بیشتر است.

یک‌بار برای همیشه، درک تشخیص درست از خودتان داشته باشید که چطور و با چه اصولی باید به سمت درک زندگی خود و اهداف‌تان بروید. برای موفق شدن نیازمند درک و تشخیص درست از زندگی هستید. علم، انگیزه و شور و شوق، لازمهٔ زندگی یک انسان هستند و تشخیص درست زندگی کردن با افراد دیگر می‌تواند به **دایرهٔ** شروع زندگی و تولد دوبارهٔ آن کمک کند. با تمام وجود به دل ماجراجویی‌های زندگی بروید و انتظار درک یا تایید گرفتن از دیگران نداشته باشید، چون آن‌ها از اهداف و درون شما هیچ **اطلاعی** ندارند، بنابراین آزرده‌خاطر نباشید، شما برای خود زندگی می‌کنید و باید بدانید که از آگاهی، شجاعت، مهارت و استعداد ویژه‌ای برخوردار هستید. آن‌ها را در دایرهٔ زندگی خود بیاورید و سهمتان را از اقیانوس ثروت و فراوانی بگیرید. در زندگی باید درک خودآگاهی، خودباوری و ارزش اصالت یک انسان شایسته را در باورها و ذهنیت خود پرورش دهید، درک درست یک زندگی، مانند قانون یک دانه یا شاخه است، ببینید که چگونه با رسیدگی به آن رشد و ثمره می‌دهد. اگر شما هم بخواهید در کارگاه ذهن خود، باورهای عالی و افکار مثبت تولید کرده و به آن‌ها رسیدگی کنید، دیگر ناامید و ناآرام نمی‌شوید و براحتی احساس شکست و ناامیدی نمی‌کنید. قوانین زندگی و طبیعت را باید به درستی درک تشخیص دهید و با دیدگاه متفاوت‌تری از آن‌ها تجربه و درس‌های بهتری بگیرید.

هرکس در زندگی یا محیط شغلی، بیشتر شکست بخورد، تجربه و دانه‌های بیشتری برای شروع دوباره خواهد داشت. شاید در زندگی شما هم شاخه‌هایی از درک کردن یا درک شدن آن طور که باید باشند، وجود ندارند؛ این هم مثل قانون دانه هست. شاید دانه‌های شما هرگز درک یا رشد نشود، ولی اگر واقعاً طالب ساخت یک زندگی هستید و می‌خواهید به سوی رشد و توسعهٔ فردی و خودِ واقعی گام بردارید، آن‌ها را به درستی شناسایی کنید و با دیدهٔ باز به همه فرصت‌ها و روابط نگاه کنید و برای بالا بردن سطح آگاهی خود، به آن **بها** بدهید. باید تشخیص بدهید مسیری که امروز جسارت شروع آن را پیدا کرده‌اید، از همه متفاوت‌تر باشد. توانایی‌ها و استعداد متفاوتی دارید، فقط زمان خود را برای بالا بردن توانایی‌های فوق‌العاده‌ای که دارید، اختصاص دهید و به خاطر این درک، و وجود استعدادها برای ادامهٔ زندگی، خداوند را شاکر باشید. بعد از پی بردن به توانایی‌های **نهفتهٔ** خودتان تلاش و اقدامات لازم را انجام بدهید و برای بهتر زندگی کردن و بهتر شدن خودتان، همواره با خودتان رقابت کنید، از خودتان که جلو آیینه هستید بپرسید این‌بار چقدر بهتر از بار قبل باید باشم؟

شما در مسیر رسیدن به اهداف سعی کنید به جای رقابت با دیگران از تجربه‌های آن‌ها بهره بگیرید و بهترین الگو را برای رسیدن به کمال و فراوانی انتخاب کنید. شما باید بتوانید با خِرد خود، درک درستی از اهداف و زندگی سربلند و سرافراز را به دست آورید. شما قدرت به انجام **رساندن** اهدافتان را دارید، پس نباید از

سختی و فراز و نشیب‌های زندگی فرار کنید، یک‌بار برای همیشه به شکلی درست، زندگی را درک و آن را ادامه دهید.

«چگونه بتوانیم یک‌بار برای همیشه تصمیم‌های درست زندگی خود را بگیرید؟»

زمانی که می‌خواهید فکری به حال فکرتان کنید، مراقب احساسات و رویدادهای خوب و بد زندگیتان باشید. هیچ وقت با **ذهن** پر از حاشیه و افکار منفی و نگرانی نمی‌توانید تصمیم‌های درست زندگی‌تان را بگیرید. اگر به افکار منفی و نگرانی‌های روزمره اجازه بدهید، می‌تواند مانع رسیدن شما به قله‌های بعدی زندگی و خواسته‌های شما بشوند. شما با نگرانی نمی‌توانید حتی **ذره**‌ای به زندگی‌تان آرامش و نشاط اضافه کنید. الان برای یک لحظه تصور کنید که در **مورد** چه موضوعی نگران هستید. چه چیزهایی مانع می‌شوند و نمی‌گذارند شما آرام باشید. چه چیزی به شما اجازه نمی‌دهد که احساس لذت بردن از مسیر زندگی داشته باشید. آیا هنوز زمان آن نرسیده که به آرامش و نشاط خودتان باز گردید و آرامش خودتان را به دست آورید؟ می‌توانید دید درستی نسبت به همه‌چیز داشته باشید، اما وقتی نگرانید، مشکلات و افکار منفی خیلی بزرگ‌تر به نظر می‌رسند. در یک کلام چیزی که شما آن را مثل بزرگترین مشکل زندگی‌تان می‌بینید، تبدیل به **یقین** می‌شود. اگر شما شبانه‌روز نگران سلامتی و زندگی‌تان باشید، نمی‌توانید حتی یک خواب خوب داشته باشید و دائم راجع به آن فکر خود را سرزنش می‌کنید، آن بیماری در ذهن خودتان است و باعث می‌شود نگرانی، بیماری، مشکلات و اتفاقات بد به سمت شما جذب شوند. یک‌بار برای همیشه

آن‌ها را کنار بگذارید و اجازه ندهید دیدگاه اشتباه، مانع ورق زدن فصل جدیدی از زندگی شود و روابط شما را **مختل** کند.

باید با شجاعت تمام و افکار مثبت، یک سال جدید، یک صفحهٔ بعد، یک روابط عالی و مسیر زندگی صحیح را انتخاب کنید.

اگر دیدگاه و افراد منفی و حاشیه‌های بی‌معنی را کنار بگذارید، می‌توانید بهترین تصمیم‌های زندگیتان را با دیدی متفاوت بگیرید، در آینده از جایگاه و صورتک‌ها و قالب‌های اجتماعی خود استفاده کرده و ثمرهٔ کاشت محصول خود را دریافت کنید. گاهی اوقات بعضی از افراد منتظر تایید و دستِ یاری از دیگران هستند که **اوضاع** زندگی و شرایط کار آن‌ها را تغییر بدهند، اما باید در یاد داشته باشید که انسان‌ها **تدبیر** می‌کنند و خداوند **تقدیر،** خداوند منتظر ماست تصمیم بگیریم. احساس گناه یا ناشایستگی نسبت به خود را باید کنار بگذارید و با این روحیه و احساس ناامیدی و افکار مخرب یک‌بار برای همیشه خداحافظی کنید. با ناامیدی‌ها، ترس، تحقیرشدن‌ها، مسخره شدن و طرد شدن‌ها خداحافظی کنید و و خودتان را دریابید و از این خود بودنِ خود نهایت لذت و استفاده را ببرید که این خودِ واقعی بودن در زندگی نقش بسیار موثر و تاثیرگذاری دارد؛ تا لطف و نعمت و دستیاری خداوند یکتا را در زندگی‌تان ببینید. در تمام لحظات زندگی‌تان مراقب احساسات و شادی درون خودتان باشید. شما تنها کاری که باید به انجام برسانید این است که در هر زمان و در هر شرایطی مراقب احساسات خودتان

باشید، خودتان باشید، احساس خود شایستگی، احساس شکوفه زدن، احساس **لیاقتمند** بودن را در درون خودتان پرورش دهید. تنها اگر خود بخواهید، آن را به زندگی‌تان دعوت می‌کنید و مطمئناً به بهترین‌های زندگی می‌رسید. شما باید مهارت، استعداد و ارادهٔ هر روز را در خود به وجود بیاورید و آن را انتخاب کنید و با لذت بردن از آن‌ها زندگی کنید. تمام مشکلات و افکار منفی و فشارهای روزمرهف هرچقدر سخت و دشوار باشد، باز هم این شما هستید که می‌توانید یک بار برای همیشه، کیفیت و بهبود زندگی خودتان را **تعیین** کنید.

الگوهای ذهنی و رفتارهایی که شما در مسیر زندگی با آن‌ها ادامه می‌دهید، فقط به خودِ شخصی‌تان بستگی دارد.

یعنی در تمام طول زندگی حواستان به انتخاب‌ها و تصمیم‌های خودتان باشد، زیرا آن‌ها مسیر زندگی شما را تعیین می‌کنند و دلیل شادی شما به این بستگی دارد که خودتان تصمیم بگیرید، چه شاد باشید یا غمگین، همیشه با احساسات عالیف اهداف و مسیر زندگی‌تان را انتخاب کنید. با بی‌حوصلگی و **ناامیدی** نمی‌توانید تصمیم‌های درست و مفیدی بگیرید. به درون خودتان رجوع کنید و بدانید که از زندگی چه می‌خواهید و **خواسته**‌های **واقعی** زندگیتان کدامند، خواسته‌های واقعی شما از زندگی چیست؟

زمانی‌که تصمیم می‌گیرید آن‌ها را انتخاب کنید چه احساساتی به سراغ شما می‌آید؟ اگر آن‌ها احساسات خوب و شادی باشند بدانید در مسیر درست قرار

گرفته‌اید، ولی اگر از جنس ناامیدی، ترس، استرس و اضطراب باشند، بدانید مسیر و تصمیم و انتخابتان آن اشتباه است.

تمامی افراد موفق و ثروتمند تاریخ، همهٔ اهـداف و خواسـته‌های خـود را زمـانی «شناسایی، تحقیق، بررسی، انتخاب و تصمیم گرفته‌اند» کـه احساسـات عـالی و ذهن خالی از همه‌چیز داشته‌اند. برعکس تمامی افراد شکست‌خورده، اهدافشان را از روی عصبانیت و مغرور بودن و حتی ترس و نگرانی انتخاب کردند و موفق به عملی کردن و رسیدن و معنا بخشیدن به زندگی‌شان نشدند، پس یک‌بـار بـرای همیشه با احساسات عالی و ذهن خالی و با آگاهی لازم از مسیر و مقصد حرکت، به سوی شروع روابط عاطفی، موثرترین تصمیم را با درایت، هوش و تجربهٔ خود بگیرید. یادتان باشد تصمیم و انتخاب‌هایی در زندگی هستند که اگر درست گرفته شوند، می‌تواند شما را به اوج برساند. حواستان به تصمیم‌هایی که می‌گیرید باشد، خوب بنشینید و در یک شب عزیز فکری به حال فکرتـان کنیـد، یـک‌بـار بـرای همیشه در شبی با شکوه، برای زندگی و اهدافتان، بهترین تصمیم‌ها را بگیرید تا **ره صد**ساله را با آن‌ها بگذرانید.

همهٔ شما عزیزانم! توان و استعداد کافی را دارید که ره صدساله را یک‌شبه بروید، راه، آسان، مفید و تاثیرگذار است و آن هم این است که در یک شب عزیـز و بـا شکوه، با احساسات عالی و ذهن خالی و دور از تمام حاشیه‌های بی‌معنی، فکـری به حال آینده و زندگی‌تان کنید، تصمیم درست **و صحیح** بگیرید تا صدسـال از

آن بهرمند شوید، با آرامش و اطمینان و با پا گذاشتن به مسیر آگاهی به اقیانوس فراونی برسید و بهترین ساحل‌های موفقیت و زندگی عالی و مدرن را سهم خودتان کنید.

از خودتان سوال کنید، چون این سوال‌ها هستند که زندگی‌ها را می‌سازد. در مورد سوال پرسیدن از خود یا از خویشتن، باید سوال‌ها را آن‌گونه برای خودتان طراحی کنید که از واژه‌های درست و مفید و تاثیرگذار استفاده کنید و زمانی که می‌خواهید جواب سوال‌های خودتان را بدهید، بدانید و آگاه باشید با صداقت، هوش و درایت تمام و با خودِ واقعی خودتان جواب آن‌ها را تکمیل کنید تا صد سال از آن بهره‌مند شوید.

رمز موفقیت و شروع فصل جدیدی از زندگی، شروع کردن و عملی کردن آن‌ها است. موفقیت‌ها با تصمیم و تشخیص‌های درست شروع می‌شود، زیرا «تا **تصمیمی اتخاذ نشود، تغییری** در زندگی **رخ** نمی‌دهد .» تصمیم بگیرید تا آینده‌ای ایجاد کنید که دیگر هیچ شباهتی به گذشتهٔ شما نداشته باشد.

بدانید که فاصلهٔ بین **داشتن** و **نداشتن**، فقط یک **اراده** و **خواستن** است، بنابراین به تصمیم‌هایی که می‌گیرید آگاه باشید...

«چگونه بتوانیم زانوهای بغل کرده خود را یک‌بار برای همیشه رها کنیم؟»

فراموش نکنید که وقتی نگران و ترس و اضطرابی داشته باشید، احتمال گرفتن تصمیمات اشتباه زیاد می‌شود.

زمانی که آگاهانه می‌خواهید تصمیمی بگیرید، ابتدا باید باورهای اشتباه: «غیر ممکن»، «نمی‌شود»، «نمی‌توانم»، یا «من لیاقت انجام آن را ندارم»، «استعداد کافی ندارم» و... را کنار بگذارید و باورهای صحیح را جایگزین کنید. درست است در ابتدا ذهن شما مقاومت نشان می‌دهد و این طبیعی است که ابتدا روند تغییرف خیلی سخت و دشوار به نظر می‌رسد. پس زمان آن امروز رسیده است تا زانوهای بغل کردهٔ خود را رها کنید و بلند شوید از زندگی و روابط‌تان شاه‌کار بسازید و فکری به حال فکر مسیر حرکت‌تان کنید و با آگاهی و خرد خودبیداری و با تصمیم‌های درست و مفید خودتان روبه‌رو شوید. امروز وقت آن رسیده است که برای دل خود زندگی کنید، با آرامش و نشاط ادامهٔ زندگی را **زندگی** کنید، یادتان باشد «**زندگی آب تنی کردن** در **حوضچهٔ** امروز است. امروز را باید دریابید» یک‌بار برای همیشه مسیری را که شروع کرده‌اید، بلند شوید و آن را پایان داده و به سرانجام برسانید.

یک‌بار برای همیشه انتخاب‌های خودتان را با آگاهی و خِرد عاقلانه و محک زدن استعداد و مهارت خود شروع کرده و درست و مفید آن‌ها را در دست بگیرید و

یک‌بار برای همیشه بلند شوید و با «ایمان، شجاعت، استقامت، شهامت» دست بر روی زانوهای خود کامل بگذارید تا آن‌گونه که می‌خواهید، یک زندگی را برای خودتان برپا کنید و به مرور زمان کشف خواهید کرد که واقعاً تا به امروز استعدادها و توانایی‌های نهفته‌ای داشتید که می‌توانید با شناسایی آن‌ها از پس انجام خیلی کارها برآیید.

آن وقت هست که به خود بودن خودتان **افتخار** می‌کنید و به قدرت خویشتن و خلق اندیشه‌هایتان می‌رسید که آری «من می‌توانم و می‌شود و چیزی به نام نشد و غیرممکن وجود ندارد.» سعی کنید گذر عمر مفید و تاثیرگذاری از خود در جامعه را به نمایش بگذارید و باز هم **تاکید** می‌کنم از تمامی حاشیه‌ها و افراد منفی اطراف خودتان دوری کنید. در یک کلام یک‌بار برای همیشه، خودتان را دریابید. این خود بودن‌ها می‌تواند ثمرهٔ رشد و توسعهٔ خویشتن باشد. افراد منفی در زندگی‌تان نقش قربانی و را برای شما بازی می‌کنند، افراد منفی می‌توانند شما را به **چالش**‌های غیرمنتظره بکشانند. افراد منفی می‌توانند شما را ناامید و بی‌ارزش **جلوه** دهند. پس به انتخاب‌های‌تان فکر کنید، افرادی که با شما زندگی می‌کنند، افرادی که با شما رفاقت می‌کنند، آن‌ها را بسنجید، دو تا چهارتا کنید، درست انتخاب کنید، فرد مورد نظر خودتان را درست انتخاب کنید. اجازه بدهید هفت پشیمانی در سن هفتاد سالگی را برای شما بازگو کنم. در سن هفتاد سالگی ممکن است انسان به هفت **پشیمانی** بزرگ برسد، اولین پشیمانی می‌تواند این

باشد که چرا **شغل** درستی انتخاب نکردم. دومین پشیمانی می‌تواند این باشد که با **یک شخص شایسته ازدواج** نکردم و این شریک زندگی که من انتخاب کردم یک **اردک** بوده و تمام این سال‌ها را با یک اردک زندگی کـردم. سـومین پشیمانی می‌تواند این باشد که چرا مراقـب **سـلامتی** خـودم نبـودم. چهـارمین می‌تواند این باشد که چرا بر روی بالا بردن **آگاهی** خودم تلاش نکردم. پنجمین می‌تواند این باشد که چرا **دوستان** درستی را انتخاب نکردم و تـا بـه امـروز بـا آن‌ها زندگی کردم. ششمین پشیمانی می‌تواند این باشد که چرا از **فرصت**هـای زندگی‌ام درست استفاده نکردم و بی آن‌که توجهی داشته باشم از کنارشان عبـور کردم. هفتمین پشیمانی می‌تواند این باشد که چرا برای موفقیتم در زندگی، برای روابطمف تلاش زیادی نکردم، چرا کم کاری کردم.

همیشه دست به کاری بزنید که واقعاً به آن **عشق و علاقـه** داریـد. عشـق در کارهای خود خرج کنید و بهتـرین لـذت از آن را ببریـد و ثمـرۀ آن را در دنیـای بیرون و درون خود کشف کنید. سعی کنید هر روز بر روی آگاهی و خرد، کسـب مهارت و دانش خود سرمایه‌گذاری کنیـد و مقصـد و دانـش را دنبـال کنیـد کـه سرانجام کشف حقایق **معنوی** متفـاوتی داشـته باشـید. یـک‌بـار بـرای همیشـه چهارچوبی انتخاب کنید و همیشه سعی داشته باشـید کـه بـر روی آن **اصـل** و چارچوب خود بایستید. اگر واقعاً امروز از کار و شرایط خود خسته و ناکام هسـتید، به اصول و چارچوب خودتان بنگرید. در گذشته چه چیزهایی را برای خود تعریف

کرده که در گذر زمان از روی آن‌ها عبور کرده‌اید و امروزه باعث شکست‌تان شده است. برای ادامهٔ زندگی و حیات خود باید **عزت نفس** و **اعتماد** به **نفس** خود را بالا ببرید و توجه کامل به کار یا هدفی که دارید، داشته باشید. یعنی حواستان باید نسبت به زندگی یا شرایط کاری خیلی جمع باشد، افکار و احساسات خودتان را همانند **کنترل** یک تلویزیون در دست داشته باشید.

زمانی که دست به تغییر بزنید، افکار منفی و احساسات مخرب در ذهنتان شکل می‌گیرد، بنابراین فوراً آن فرکانس و کانال را عوض کنید تا از هدفتان و آن ذهنیتی که برای تغییر در نظر گرفته‌اید، دور نشوید. ذهن انسان همانند یک **دکل مخابراتی** است که امواج و سیگنال‌های بسیاری را دریافت می‌کند، چه درست یا درست و وظیفهٔ شما این هست که آن طور که دوست دارید و می‌خواهید از این دکل ذهنی استفاده کنید. استفادهٔ درست و منطقی می‌تواند شما را به خواسته‌های واقعی زندگی‌تان برساند. پس برای این که کنترل را در دست بگیرید، باید از مسیری که در پیش دارید آگاهی لازم را داشته باشید، در کل آگاهی لازم در میسر می‌تواند به عنوان **راهنمای** درست و مفید باشد تا شما را برای رسیدن و معنا بخشیدن به زندگی و اهدافتان یاری کند. درست است در این کتاب جملات تکراری زیادی وجود دارد ولی هدف از تکراری بودن این جملات این است که باورهای عالی از این خود بودن و توجه به فرکانس و احساسات یا افراد اطراف خود داشته باشید. یک لحظه خودتان را دریابید تا به امروز چگونه برنامه‌ریزی داشتید؟ برنامه‌ها و اهداف انتخاباتی شما چرا هیچ تغییری نداشتند و

مسئلهٔ اصلی پیش روی برنامه‌ها از کجا نشأت گرفته و ناآرامی را به وجود آورده است؟

واقعاً تا به حال از خود سوال کرده‌اید که چرا باید در جای خود بمانید؟ چرا باید آن‌طور که باید باشید و لیاقتش را دارید و شایستگی و سزاوار آن که هستید را نمی طلبید؟! واقعاً چه دلایلی و بهانه‌ای برای حرکت نکردن دارید و چه ابزاری برای رسیدن به آن‌ها فراهم کردید؟ چه روابطی به خاطر غرور از دست دادید؟ به روابط روحی و روانی خود بنگرید، به برنامه‌های چند سال خود بنگرید، چه چیزهایی را به خاطر باورها و انتخاب‌های نادرست افراد گوشه‌گیر و ناامید از دست داده‌اید؟

تمام این گوشه‌گیر بودن‌ها، این ناامیدی‌ها از کجا سرچشمه گرفته و باعث بی‌ثمر بودن تمام این ناآرامی‌ها از کجا شروع شده؟ درنگ کنید و به گذشتهٔ خودتان بنگرید. چه اهدافی را برای ادامهٔ زندگی برنامه‌ریزی کردید؟! تا کجای مقصد برنامه‌ها بودید؟ شروع ناامیدی و شکست شما از چه زمانی آغاز شده است؟! اجازه بدهید تا بگوییم از زمانی آغاز می‌شود که ما خود را آگاه‌تر، داناتر و قدرتمندتر از همه و همه می‌بینیم و آن باعث شکل‌گیری **غرور** می‌شود و خود با دست‌های خود به تخریب اهداف می‌پردازیم تا موفقیت را نیز **بزنیم و بتراشیم** و نابود کنیم.

آری این خود ما هستیم که بهتر از دیگران، خودمان را نابود می‌کنیم. این خودمان هستیم که در چهارچوب خودآگاهی و با کسب تجربه از معلم بزرگ گذشته، می‌توانیم به مقصد برسیم. این خودمان هستیم که با بهتر بودن و سرمایه‌گذاری روی زندگیف می‌توانیم بهترین باشیم. این خود ما هستیم که می‌توانیم قبل از مرگ، زندگی را آن‌طور که باید باشیم و آن‌گونه که خداوند یکتا برای یک انسان با شکوه خلق کرده، آن را برای خود ایجاد کنیم و در دنیای درون و حتی در دنیای بیرون نیز از آن بهره‌مند شویم. آری این خودمان هستیم که می‌توانیم« **قبل** از **مردن بمیریم**» آن‌طور که حق انتخاب، حق زندگی کردن دست دیگری باشد، آن‌طور که در زندگی دنبال تایید گرفتن از دیگران باشیم، آن‌طور که افسار زندگی، انتخاب‌ها، رشتۀ تحصیلی، روابط، شغل‌ها دست دیگری باشد؛ بی‌آنکه **چشم اندازی** برای خود داشته باشیم و آن را دنبال کنیم و چشم‌انتظار و حمایت دیگران باشیم به اهداف خود نخواهیم رسید، چرا که انتخاب‌ها برای خودمان نیستند و اهداف و برنامه‌ها برای خودمان نبوده است. اگر بتوانیم امروزه چشم‌اندازی را دنبال کنیم، بی‌شک برنده خواهیم شد؛ ولی چرا باید همیشه چشم‌انتظار دیگران باشیم، چرا چه دلیلی برای زیستن و چشم انتظاری از دیگری داریم؟ آیا وقت آن نرسیده است که برای خود زندگی کنیم؟! زمان آن نرسیده است که ناآگاهی‌ها، روابط و شرایط روحی و روانی خود را تغییر بدهیم؟ واقعاً علت این همه گم شدن‌ها، این غفلت‌های نامحدود کننده و ذهنیت منفی‌گرا

چیست؟ چرا باید همهٔ عمر خود را در گوشهٔ اتاق تنگ و تاریکِ افکار و ذهنیت خود زندانی کنیم؟

- آیا مسیر تنگ و تاریک زندگی، طعم دل‌پذیری را برای ما به ارمغان می‌آورد؟

کجای این گم شدن‌ها به سر می‌برید؟ چه دلیلی محکم‌تر از ناآرامی و ناامیدی دارید؟ آیا همیشه از خود سوال پرسیده‌اید که چرا باید همیشه طعم تلخی‌ها را مزه و تجربه کنید؟ چراهای بی‌پایان، غیرممکن‌های بی‌پایان، نشدن‌های بی‌پایان، چه به روزها و رویکردهای خود آوردید؟ آیا وقت و زمان آن نرسیده است که تمام این **حسرت**‌های زندگی را پایان بدهید؟ به تمام ناامیدی‌ها، **بی‌انگیزگی**‌ها و بی‌**هویتی**‌ها پایان بدهید؟

این زنده‌مانی دردناک را پایان بدهید، شکست در زندگی دردناک است، ولی اگر بخواهید با یک کسب تجربه، از تمامی لذت‌ها و حقیقت‌های زندگی بشریت دور باشید، آیا فقط تا به این اندازه ادعای خوب بودن را داشته‌اید؟ که امروز با یک شکست، **آنچه** باید **بوده**‌اید را کنار **بگذارید!** شما کی هستید؟ و واقعاً چه کسی شما را شکست‌خورده یا موفق می‌داند؟ چه کسی شما را باید تایید کند؟

شما چه کسی هستید و منتظر چه کسی هستید که بیاید شما را **خوشبخت** کند؟ شما با کمک دیگران نمی‌توانید خودتان باشید، شما نمی‌توانید کار و زندگی خود را کنترل کنید. انسانی که نتواند **افکار** و **عقاید** خود را **کنترل** کند، نمی‌تواند **زندگی** کند؛ شاید به خاطر دیده شدن در مقابل دیگران خوب نقش

بازی کنید، ولی آیا ما که نقش بازی می‌کنیم، واقعاً خودمان هستیم یا از روی ناآگاهی و **زنجیرهٔ دروغ** و **ادعا** با آن‌ها بازی می‌کنیم تا خود واقعی‌مان را نشان دهیم؟ ولی این‌گونه نیست؛ هیچ‌وقت نتیجهٔ درست و متفاوتی نمی‌گیرید، پس بهتر است برای رهاسازی افکار منفی و دوری از حاشیه‌های بی‌معنی و افراد منفی اطرافمان و برای رهاسازی زانوهای بغل کردهٔ خود، سوالاتی طراحی کنید و با صداقت تمام به پاسخ سوال‌های آینده‌سازی برسید.

«لیست سوالاتی برای رها سازی زانو غم بغل کرده و افکار منفی»

سوالات به صورت **منفی** و **مثبت** طراحی شده است. اگر می‌خواهید گم‌شدهٔ خودتان را پیدا کنید، با دقت بیشتری بخوانید و با صداقت تمام جواب بدهید و در آخر به پاسخ‌هایتان توجه و تمرکز داشته باشید تا گم‌شدهٔ خودتان را پیدا کنید.

■ تا به حال به چه چیزهایی فکر کرده‌اید؟

....

....

■ چگونه می‌توانم **فکرهای** مثبت در خودم پرورش دهم؟

....

....

■ تا به امروز چه گام‌هایی برای رسیدن به آن‌ها و موفقیت برداشته‌اید؟

....

....

■ چگونه قدم‌های **استواری** برای محقق شدن اهدافم بردارم؟

....

....

■ تا به امروز به کدامین **مرحله** از فکرهایی که کرده‌اید، رسیده‌اید؟

....

....

■ چگونه به مرحلهٔ بعدی خواسته‌هایم برسم؟

....

....

■ آیا خواسته‌هایی که در زندگی دارید یا داشتید، توانستید آن‌ها را **لمس** کنید؟

....

....

■ چگونه افکاری را که در سر دارم، با برنامه‌ریزی درست لمس کنم؟

....

....

■ آیا حقیقت فکر کردن و لمس کردن را باور دارید؟

....

....

■ چگونه با حقیقت‌ها روبرو شوم؟

....

....

■ با خودتان چه **رفتار**هایی دارید؟

....

....

■ چگونه باید رفتار کنم تا ارزش‌های زندگی‌ام حفظ شود؟

....

....

■ آیا می‌دانید چه رفتاری با خودتان داشته باشید؟

....

....

■ چگونه می‌توانم خودم را دوست داشته باشم؟

....

....

■ خودتان را چگونه **باور** دارید؟

....

....

■ چگونه و از چه راه‌هایی به قدرت خودم پی ببرم؟

....

....

■ تا چه اندازه به خودتان **اعتماد** دارید؟

....

....

■ چگونه به خودم اعتماد کنم که استعداد کافی برای موفق شدنم دارم؟

....

....

■ تا چه اندازه به خودتـان **ایمـان** داریـد کـه از پـس خواسـته‌هـا و اهـداف و انتخاب‌هایتان بر می‌آیید؟

....

....

■ چگونه باید ایمان **فوق‌العاده**‌ای در خودم پرورش دهم؟

....

....

■ خودتان را در کدام مرحله از زندگی می‌بینید؟

....

....

■ چگونه می‌توانم به بهترین شکل ممکن فصل تازه‌ای از زندگی را شروع کنم؟

....

....

■ دیدگاه کلی شما از زندگی و شرایط کاری و روابط عاطفی چگونه است؟

....

....

■ چگونه می‌توانم دیدگاه‌های مثبت را با باورهای غلط از شرایط کاری و زندگی جایگزین کنم؟

....

....

■ آیا تا به حال گام اساسی برای به محقق کردن اهدافتان برداشته‌اید؟

....

....

■ چگونه می‌توانم ترس از تحقیرشدن، طرد شدن و مسخره شدن‌ها را کنار بگذارم و یک‌بار برای همیشه گام‌های استوار و مثبتی بردارم؟

....

....

■ آیا شما به انتخاب‌های خودتان **فکر** کردید؟ *آن‌ها کدامند؟*

....

....

■ چگونه به حق انتخاب‌های خود فکر کنم؟

....

....

■ در کدام انتخاب و مرحله ناموفق بودید و چه دلیلی داشت و آیا انتخـاب‌هـای خودتان بودند؟

....

....

■ چگونه می‌توانم **افسار** زندگی خود را در دست بگیرم؟

....

....

■ چه **موانعی** برای رسیدن به آن‌ها داشتید؟

....

....

■ چگونه با موانع خود روبرو شوم؟

....

....

■ آیا می‌دانید خواسته‌های واقعی شما از زندگی چیست؟ می‌توانید آن‌ها را **شناسایی** کنید؟

....

....

■ چگونه خواسته‌های واقعی زندگی خود را شناسایی کنم؟

....

....

■ تا به امروز چندین کتاب در زمینهٔ موفقیت و رسیدن به کمال مطالعه کرده‌اید و برای آموخته‌هایتان چه **عملی** داشتید؟

....

....

■ چگونه می‌توانم به آموخته‌های خود عمل کنم؟

....

....

■ آیا فکر کرده‌اید چرا باید زندگی کنید؟

....

....

■ چگونه از زندگی‌ام شاهکار بسازم؟

....

....

■ چه دلیلی برای موفق شدن دارید؟

....

....

■ چگونه دلایل **محکم** و قابل قبولی برای موفق شدنم انتخاب کنم؟

....

....

■ به چه بهانه‌ای جسارت روبه رو شدن با خود را ندارید؟

....

....

■ چگونه به **کشف** خویشتنِ خودم بپردازم؟

....

....

■ تا چه اندازه‌ای از شجاعت و شهامت لازم برخوردار هستید؟

....

....

■ چگونه می‌توانم شهامت خود را محک بزنم؟

....

....

■ از نشدن‌ها، غیرممکن‌ها و.... چه ترس‌هایی دارید؟

....

....

■ چگونه می‌توانم ترس‌هایم را شناسایی کنم؟

....

....

■ چرا ناآرام هستید و **اظطراب** دارید؟

....

....

■ چگونه می‌توانم در مسیر اصلی حرکتم، آرامش و اطمینان‌خاطر داشته باشم؟

....

....

■ چرا شکست‌خورده هستید؟ برای چه؟

....

....

■ چگونه شکست‌های گذشته را جبران کنم و چه تجربه‌ای دارم؟

....

....

■ چرا در روابط عاطفی آن‌گونه که دوست دارید، با شما رفتار نشد؟

....

....

■ چگونه شهامت **پذیرفتن** اشتباهات خود را داشته باشم؟

....

....

■ چرا حس **سالمی** ندارید؟

....

....

■ چگونه و با چه افکاری بیماری‌ها را از خود دور کنم؟

....

....

■ چرا احساس بی‌ایمانی و بی‌اعتمادی می‌کنید؟

....

....

■ چگونه می‌توانم احساس قدرت و باایمانی داشته باشم؟

....

....

■ چرا به خودتان اطمینان ندارید؟

....

....

■ چگونه می‌توانم به خودم اطمینان داشته باشم؟

....

....

■ چرا آگاهی کافی از مسیر حرکت ندارید؟

....

....

■ چگونه آگاهی لازم را برای حرکت در مسیر زندگی کسب کنم؟

....

....

■ چرا نمی‌توانید احساس **قدرت** عمل داشته باشید؟

....

....

■ چگونه احساس قدرت عمل در مقابل علم داشته باشم؟

....

....

■ چرا خود را شایسته نمی‌دانید؟

....

....

■ چگونه و از چه راه‌هایی شایستگی خود را شناسایی کنم؟

....

....

■ چرا خود را فرد **برتر** کنکور و زندگی نمی‌دانید؟

....

....

■ چگونه خود را برترین فرد زندگی بدانم؟

....

....

■ چرا همیشه **استرس** دارید؟

....

....

■ چگونه به تمام استرس‌ها و اظطراب‌های زندگی پایان بدهم؟

....

....

■ چرا همیشه ناامید هستید؟

....

....

■ چگونه می‌توانم به زندگی امیدوار باشم؟

....

....

■ چرا **انگیزهٔ** کافی برای حرکت ندارید؟

....

....

■ چگونه انگیزهٔ روشنی برای حرکت در مسیر خود در وجودم پرورش دهم؟

....

....

■ چرا **انگیزهٔ** روشن و **هدف** روشن برای خود انتخاب نمی‌کنی؟

....

....

■ چرا به فکر تائید گرفتن از دیگران هستید؟ چه سودی برای شما دارد؟

....

....

■ چگونه می‌توانم فقط روی شخص خودم حساب کنم، بی‌آن‌که چشم انتظار کمک دیگران باشم؟

....

....

■ چرا شور و شوق ادامهٔ زندگی را ندارید؟

....

....

■ چگونه آتش درونم را برای ادامهٔ زندگی شعله‌ور کنم؟

....

....

■ چرا از اعتماد به نفس پایینی برخوردار هستید؟

....

....

■ چگونه و از چه راهی اعتماد به نفس و عزت نفس خود را بالا ببرم؟

....

....

■ چرا از صحبت کردن در جمع **خجالت** می‌کشید؟

....

....

■ چگونه می‌توانم با اراده و با اعتماد به نفس کامل در جمع صحبت کنم؟

....

....

■ چرا **مغرور** هستید؟

....

....

■ چگونه باید **تواضع** و **فروتنی** داشته باشم؟

....

....

■ چرا فقط خودتان را می‌بینید؟

....

....

■ چگونه برای رسیدن به خواسته‌های خود پا بر روی خواسته‌های **دیگران** نگذارم؟

....

....

■ چرا نظر دیگران برایت **ارزشی** ندارد؟

....

....

■ چگونه می‌توانم نظرات دیگران را باارزش و با **اهمیت** بشمارم؟

....

....

■ چرا نقش **قربانی** را در زندگی بازی می‌کنی؟

....

....

■ چگونه می‌توانم قربانی زندگی نباشم؟

....

....

■ چرا رشتهٔ تحصیلی خودت را خود انتخاب نمی‌کنی؟

....

....

■ چرا می‌خواهی همه را از خودت **راضی** نگه داری؟

....

....

■ چرا هیچ‌کس تو را دوست ندارد؟

....

....

■ چرا هیچ دوستی ندارم؟

....

....

■ چگونه می‌توانم دوستان خوب و باارزش را جذب خود کنم؟

....

....

■ چرا باید به هر قیمتی **ثروتی** را به دست بیاورم؟ چرا؟

....

....

■ چگونه و از چه راه‌های درستی به ثروت برسم؟

....

....

■ چرا خواسته‌های دیگران را کم‌اهمیت می‌دانی؟

....

....

■ چرا زندگی را سبک می‌شماری؟

....

....

■ با چه دیدی به زندگی نگاه کنم؟

....

....

■ چرا خودت را باارزش و مفید نمی‌دانی؟

....

....

■ چگونه به اصالت و رسالت انسانی خود پی ببرم؟

....

....

چرا، چرا، چرا، چرا، چرا و چراهای بی‌پایان که هیچ تمامی ندارند.

امیدوارم با پاسخ دادن به این سوالات، **گمشدهٔ** خودتان را پیدا کرده و دلایلی برای به تحقق رساندن خواسته‌ها و اهداف‌تان داشته باشید، همچون کوهی استوار **ایستادگی** کرده و یک‌بار برای همیشه، زندگی کنید تا بلند شوید و با جسارت تمام، شجاعت تمام، خواسته‌های واقعی زندگی‌تان را دریابید و یادتان باشد که هیچ چیزی در بیرون از خودتان نیست. به درون خودتان بنگرید و با **خونسردی** تمام و با آگاهی لازم مسیر و مقصد خود را انتخاب کرده و در هر مرحله‌ای از مسیر حرکت از خودتان سوال کنید. چون سوال‌ها **فراهم‌سازی** احساسات و آگاهی شما هستند و دقت کنید که بعد از جواب دادن به سوال‌ها با صداقت تمام، از کلمه یا واژهٔ «**چرا**» استفاده نکنید. بهتر است از واژهٔ «چگونه» استفاده شود، زیرا واژهٔ **چرا** «**منفی** »و «**چگونه**» **مثبت** است.

برای رسیدن به خواسته‌های واقعی زندگی، سریع‌ترین راه برای درک آن، پاسخ‌های ذهنی واژهٔ «چگونه» است.

یادتان باشد سوال‌های خوب و تاثیرگذار، زندگی و شرایط کاری و روابط عاطفی را می‌سازد. در میسر حرکت از خود چه سوال‌هایی می‌کنید؟

سوال‌های خوب باعث بالا رفتن **انگیزه** و **اشتیاق** و **افزایش اعتماد** به **نفس** و **عزت نفس** می‌شود.

بعد از پاسخ دادن به این سوالات، دوباره روی «گذشته، حال و آینده» خودتان توجه و تمرکز کنید و سوالاتی طراحی کنید که «کجا بودید؟ چه کسی بودید؟ کجا هستید؟ چه کسی هستید؟ کجا خواهید بود؟ چه کسی خواهید بود؟ و...» سوال‌های کلی بپرسید، سی سوال از شخصیت و **جایگاهی** که در گذشته داشتید طراحی کنید و یادتان باشد سوال‌هایی که برای گذشتهٔ خودتان طراحی می‌کنید همانند این سوال‌ها باشد:

مثلاً به این صورت.....

- من هیچ دوستی نداشتم.
- من تنها بودم.
- من زندگی بدی داشتم.
- من سلامت نبودم.
- من ارزش خودم را نمی‌دانستم.
- من ذهن منفی داشتم.
- من شهامت نداشتم.
- من ترسو بودم.
- من هیچ هدفی نداشتم.

- من آدم **ریسک**‌پذیری نبودم.
- من انسان ناامیدی بودم.
- من فرد **ضعیفی** بودم.
- من بدون اعتماد به نفس و بی‌انگیزه بودم.
- من عزت نفس نداشتم.
- من نگرش خوبی از **فرصت**‌ها نداشتم.
- من باورهای غلطی از کار، زندگی و روابط عاطفی داشتم.

این‌ها سوال‌هایی هستند که در گذشته بودند، حال به آن‌ها بیندیشید و برای خود چنین سوالاتی طراحی کنید تا آگاهی لازم را به دست بیاورید از شناخت خوده واقعی بودنتان و آن‌گاه متوجه خواهید شد که در گذشته چه ذهنیت منفی و خصوصیت‌های نادرستی داشتید و برای از بین این خصوصیات درست یا نادرست چه مرحله‌ای را پشت سر گذاشتید؟

حال سوال‌هایی که به حال و احساساتان در مورد این که **چه کسی** هستید و باور دارید، طراحی کنید و بیندیشید که واقعاً دوست دارید آن شخصتی باشید که در ذهن و رویاهایتان دارید.

آن شخصتی که واقعاً و قلباً می‌خواهید باشید را بنویسید، به این صورت:

- من آرام هستم.

- من خوشبخت‌ترین آدم دنیا هستم.
- من چهره‌ای بسیار شاد و عالی دارم.
- من اندام سالم و سلامتی دارم.
- من همیشه خندان هستم.
- من دوست‌های زیادی دارم.
- همه، من را دوست دارند و من همه را دوست دارم.
- من **روح** خدایی دارم.
- من اشرف **مخلوقات** هستم.
- من قدرت همه‌چیز را دارم و هر آن چه را که بیندیشم به لطف خداوند قادر به ایجاد آن‌ها هستم.
- من بهترین هستم و بهترین‌ها را **جذب** می‌کنم.
- من از شجاعت، جسارت و شهامت بالایی برخوردار هستم.
- من عزت‌نفس و اعتماد به نفس بالایی دارم.
- من باورهای مثبت و شخصیت‌ساز ثروت‌سازی دارم.
- من نفر برتر کنکور هستم.
- من زندگی **درخشانی** دارم.

- من ارزش اصالت و رسالت انسان بودن خودم را می‌دانم.
- من **تشنهٔ** رشد و موفقیت هستم.
- من عاشق زیبایی‌های جهان هستم.

و با طراحی این سوالات احساس کنید واقعاً آن شخصیتی که نوشتید هستید و من یقین دارم که صددرصد همین‌طور هست و آن‌ها را برای خود تجزیه و تحلیل کنید؛ آن زمان هست که متوجه خواهید شد باید درمسیر حرکت کنید. دلایل و راه‌هایی که باید به آن‌ها توجه داشته باشید کدام‌ها هستند و نیازمند چه ابزار یا باورهای مثبتی دارد.

دوباره دفترچه بردارید و تمام دلایل‌های خود را برای به تحقق رساندن اهداف‌تان بنویسید و تمام آن‌ها را قبل از انتخاب و تصمیم‌گیری، شناسایی و تحقیق و بررسی کنید. همانطور که شما عزیزانم می‌دانید، کتاب‌های **ریاضی، فیزیک** یا **شیمی** برای خود **فرمولی** دارند، تصمیم‌گیری برای زندگی کردن و انتخاب‌های درست هم فرمولی دارد و این فرمول را اینگونه است: **«اخ،شتباتا،ایفا،عشق»** یعنی هر کسی که به این فرمول زندگی دست یابد، متوجه می‌شود که از چه قدرتی برای تمام نشدن‌ها و غیرممکن‌های زندگی برخودار است. فقط و فقط باید در مسیر حرکت به سوی موفقیت و زندگی و رابطهٔ ایده‌آل حرکت کنید.

اجازه بدهید فرمول (**اخ، شتبا تا، ایفا، عشق**) را برای شما باز کنم، تا با ایـن فرمول دلایل و جواب‌های تماِ **ناآرامی**، **ناکامی**،**شکسـت‌هـا** یـا **موفـق و برنده** بودن‌ها را به دست آوریم و خودِ واقعی‌مان را با آن‌ها سازگار کنیم؛ آن‌گاه هست که در مـی‌یـابیم در کـدام مرحلـه از زنـدگی و مسـیر حرکـت هسـتیم و می‌خواهیم کجا باشیم؟

آگاهی

همانطور که شما عزیزانم می‌دانید، اولـین گـام بـرای اینکـه بتـوانیم در حـوزه و مرحله‌ای از زندگی موفق و پیـروز باشـیم، اول بایـد **آگـاهی** لازم را بـه دسـت بیاوریم؛ یعنی بدون آگاهی و علم نمی‌توان حرکت کرد. آگاهی یک نوع **سوخت** مورد نیاز برای حرکت به سمت جلو است.

خواستن

قبل از هرکاری، اول باید خواسته‌های واقعی زنـدگی خـود را شناسـایی کنـیم و بخواهیم؛ یعنی خواستن گامی است که به انسان انگیزهٔ حرکت می‌دهد، پس بهتر است اول آن خواسته و آن رویا را بخواهیم زیرا جسارت، مهارت و استعداد لازم را داریم تا به بهترین شکل ممکن نتیجهٔ درست بگیریم.

شناسایی

شناسایی، بخش **عظیمی** از خواستن است، باید بـه طـور خردمندانـه اهـداف را شناسایی کنیم تا بهترین بهره و اثربخش‌ترین برنامه را برای کار و زندگی روابط زندگی‌مان داشته باشیم.

تحقیق

تحقیق هم لازمهٔ برنامه‌ریزی است، یعنی ما روابط یـا هـدفی را بـدون تحقیـق انتخاب نکنیم، اگر نادرست باشد می‌تواند ضربهٔ بدی به همراه داشته باشد، پـس تحقیق فراموش نشود و مثلاً زمانی که انتخابی دارید و بدون تحقیق کـردن بـه مرحله بعدی بروید، شاید دچار دودلی شوید، پس تحقیق یادتان باشد.

بررسی

تمام زوایای کسب و کار یا روابط و اهدافتان را بررسـی کنیـد و در نظـر داشـته باشید که بدون بررسی نمی‌توانید **چشم‌انـدازی خردمندانـه** و **عاقلانـه**‌ای داشته باشید.

انتخاب

حال زمان انتخاب رسیده است. آیا آن حوزه و حرفه‌ای که می‌خواستید، بـا توجـه به استعداد و مهارت خود انتخاب کردید؟ با توجه به فرمول اول، باید یادتان باشد

که این خودتان هستید و هیچ کسی **بهتر** و **تواناتر** از شما نیست. برای به تحقق رساندن خواسته‌های واقعی زندگی‌تان که خودتان آن‌ها را ادامه می‌دهید، بهترین و تاثیرگذارترین روابط، حوزه یا حرفهٔ خودتان را انتخاب کنید.

تصمیم

حالا زمان آن رسیده است که درست‌ترین تصمیم زندگی خودتان را یک‌بار برای همیشه بگیرید و برای ادامه و معنا بخشیدن به زندگی با آرامش، اطمینان حاصل کنید. یادتان باشد تا تصمیمی در زندگی اتخاذ نشود، تغییری در زندگی به وجود نمی‌آید. ای عزیزانم! حال شما این اقدامات و مرحلهٔ فرمول زندگی را پشت سر گذاشته و اکنون به نقطهٔ تصمیم رسیده‌اید. آگاه باشید قبل از تصمیم‌گیری و حرکت کردن، تمام مسیرها را بسنجید و با توانایی، مهارت و شجاعت، درست‌ترین خواسته خود را انتخاب کنید. با درایت، هوش و آگاهانه تصمیمی بگیرید تا ره صد ساله را با آن سپری کنید.

اهمیت کاری

در کار یا مسیر حرکت به سمت جلو، اهمیت کاری داشته باشید. اولین گام برای اهداف زندگی با ارزش **شمردن** و اهمیت کاری است. به کار و حوزه یا زندگی خود، بسیار اهمیت بدهید؛ تنها به خواستهٔ خودتان فکر نکنید؛ خواسته‌ها و نظرات دیگران را هم با ارزش و محترم بشمارید و هیچ موقع بخاطر خواسته‌های خود، خواسته‌های دیگران را زیر پا نگذارید. آن وقت هست که حس می‌کنید که

دیگران هم از شما الگوبرداری می‌کنند. امنیت و اهمیت کاری، لازمهٔ تصمیم‌گیری درست و مفید برای رسیدن به خواسته‌ها و پیشروی در مسیر حرکت است.

اقدام.

در اولین فرصت یا بهتر است بگویم خیلی زودتر به آن اقدام کنید، یعنی فقط یک **ایده** روی کاغذ نباشد و به نیت و تصمیم به هدفی که انتخاب کرده‌اید، خود اقدامات لازم را برای انجام دادن آن انجام دهید.

یادگیری

سعی کنید در مورد حوزه یا حرفهٔ کاری خود، برای بالا بردن سطح آگاهی، از مسیر و تصمیم درست حرکت کنید.

یاداشت‌برداری

در تمام مراحل تصمیم خود یاداشت‌برداری کنید تا نظرات افراد مهم زندگی خود را حفظ کنید.

فکر خلاق

در مورد نحوهٔ زندگی و انجام کار به خودتان **مراجعه** کنید و نظر خود را اعمال کنید، آنگاه در انجام هر کاری یا زندگی کردن درست و مفید می‌توانید فرد خلاق

باشید، شما انسانی هستید که نقش قربانی و یا بازیچه را برعهده ندارید و می‌توانید خلاقانه نظر خود را در هر موقعیت، روابط زندگی یا حوزهٔ کاری اعمال نماید. اجازه ندهید توسط شرایطی که در نهایت خود در آن تصمیم می‌گیرید،قربانی شوید. زندگی و تفکر خلاقانه به معنی آن است که در هر موقعیتی که قرار می‌گیرید، چشمان خود را باز کنید و از خود بپرسید چگونه می‌توانم این موقعیت را به موفقیت یا یک تجربه یا یک انگیزهٔ بیشتر و بهتر تبدیل کنم و این را باید در یاد داشته باشید که بگوید من چگونه می‌اندیشم و باید چه حسی داشته باشم؟ چه کارهایی را انجام باید دهم تا از این وضعیت، **درس و تجربه** بگیرم؟ در تمام مراحل زندگی، احساس **رضایتمندی** خاطر داشته باشید و کنترل فکر خود را در دست بگیرید، چنان چه می‌دانید هر فکری که امروز در سر داشته باشید، می‌توانید آن را در آینده لمس کنید، پس حواستان خیلی به فرکانس‌های فکری‌تان باشد.

اجرا

برای انجام ایده یا هدف یا زندگی‌ای که در فکر آن هستید **برخیزید،** به فکر اجرا کردن آن باشید، یعنی تا زمانی که اقدام به اجرای اهداف و شروع فصل تازه‌ای از زندگی نکنید، در مسیر **تاریکی** هستید. امیدوارم که بدانید تصمیم گرفتن **انجام** دادن نیست و **نقطهٔ تفاوت برنده** یا **بازنده** در **عمل** و

بی**عملی** است، پس نسبت به تصمیم‌هایی که دارید اقدام، اجرا و عمل کردن به آن‌ها پلهٔ بعدی برای حرکت به سوی قلهٔ موفقیت است.

علم در مقابل عمل :

همانطور که همهٔ ما میدانیم هر قدر هم که علم و آگاهی داشته باشیم و انتخاب و تصمیم‌های مفید و تاثیرگذار بگیریم، اگر به آن‌ها عمل نکنیم، هیچ خواسته و امیدی نداریم؛ بنابراین به آموخته‌های خودتان در حوزهٔ کاری یا زندگی یا روابط عمل کنید تا در آینده، خود را سرزنش نکنید، بسیار به واژهٔ «عمل کردن» حواستان باشد.

شایستگی

بعد از گذر زمان، متوجهٔ **ایده** و خواسته‌هایتان می‌شوید که آیا واقعاً فکر خلاق و تصمیمات درستی در مسیر حرکت به سوی آگاهی انتخاب و تصمیم موثری گرفته‌اید؟ که آیا امروز واقعاً از عمق وجود خود احساس شایستگی و شکوفایی می‌کنید؟ و این همان نکته‌ای است که رسالت انسان و قدرتمندترین اندیشه‌هایش نمایان می‌شود.

قدرت خود واقعی بودن در وادی زندگی

زمانی که شما بتوانید از یک تصمیم درست آینده سازسربلند بیرون بیایید، متوجه خواهید شد که توانایی‌های بیشتری دارید و قادر هستید که هر غیرممکنی را به

ممکن تبدیل کنید. این‌جا هم تفاوت برنده با بازنده مشخص می‌شود کـه انسـان برای ادامه هر کاری باید از قالب و نغاب خوده واقعی بودن خود استفاده کند قطعا برنده خواهد شد چون زندگی با واقعیت ها جریان دارد وبرای لذت بـردن بسـیار موثر می باشد

حال به این فرمول زندگی بیندیشید که با فرمول‌هـای دیگـر چـه تفـاوتی دارد؟ زمانی که به جزئیات زندگی و تصمیم‌های آن بیندیشید، متوجه می‌شوید زنـدگی یا مسیری که در آن قرار گرفتید، موفق یا ناآرام بودن‌ها بـه چـه کسـی بسـتگی دارد؟ در مسیر کدام مرحله درست قرار نگرفتید؟ بـا کمـی فکـر زمـان گذاشـتن، بااهمیت شمردن زندگی و شرایط کار خود متوجه می‌شوید که همهٔ این تـرس و استرس‌ها از درون ما بودند که امروز در دنیای بیرون ما نمایان شده‌انـد. حـال از خودتان سوال کنید شما جزو کدام دسته از افراد هستید؟ برنده یا بازنده؟

«ترس از اقدام کردن یا عمل کردن، آگاه یا ناآگاه، هوشیار یا غافل، فـرار کننـده یا مقابل‌کننده»، اکنون در کدام مرحله از زندگی هستید؟ آیا قصد زندگی کردن را دارید؟ آیا هنوز به فکر دراز کردن دست یاری از دیگران هستید و در هر صـورت تا **دیر** نشده فکری به حال فکرتان کنید. این فرمولی است که من بـرای خـودم طراحی کرده‌ام و دلیل موفقیت خودم هم این بوده که خواسته‌های واقعی زندگی خود را شناسایی کردم و با توجه به استعداد و توانایی تصمیمات درسـتی داشـتم. همچون شما خوانندگان عزیز و درک کردم که به هیچ عنوان نباید منتظر تاییـد دیگران باشم و در کارگاه ذهنی خودم با پرورش افکار مثبت و تصویرسازی و بـا

داشتن پشتکار بیش از حد توانسته‌ام امروزه، تجربیات خود را در اختیار شما اندیشمندان بگذارم.

و همیشه سعی می‌کنم در حوزه‌ای که می‌خواهم فعالیت کنم صفر تا صد مسئولیت زندگی‌ام را بپذیرم تا انگشت اتهام به سمت کس دیگری دراز نکنم. آگاه باشید که هیچ کسی نمی‌تواند شما را موفق یا شکست خورده کند، بلکه این خود شما هستید که خود را برنده یا بازنده می‌کنید. برای تمام کارها و شرایط زندگی خود برنامه‌ریزی کنید. اگر از اهدافتان یا از خواسته‌هایتان آگاهی کافی ندارید، با مطالعهٔ چندین کتاب و یا سرمایه‌گذاری روی خود واقعی‌تان، می‌توانید از علم و **خلاقیت** کافی برای ادامهٔ زندگی بهره‌مند شوید. حال با توجه به سوال‌هایی که پرسیده شده و فرمول زندگی می‌توانید **اراده** و **همت** کنید که دست بر روی زانوهای خود بگذارید و بدون انتظاری از دیگران یا تایید گرفتن از آن‌ها، بلند شده و فکری به حال زندگی‌تان کنید.

از سوال بپرسید اصلاً چرا باید بلند شوید و زندگی دلخواهتان را شروع کنید؟

یا از خودتان سوال کنید اگر این کار را انجام دهم، چند سال دیگر در چه شرایطی هستم. اگر فلان کار را انجام می‌دادم، الان کجا بودم؟ چرا از کنار آن‌ها رد شدم، بی‌آنکه بخواهم توجه و برنامه‌ریزی درست داشته باشم. اگر فلان روابط را شروع می‌کردم یا نمی‌کردم، کجا بودم؟ سوالاتی این‌چنین می‌توانند شرایط زندگی و کاری شما را بسازند.

به سوال‌هایی که می‌پرسید و کارهایی که انجام می‌دهید یا ندادید، توجه داشته باشید. می‌خواهم از شما خوانندگان عزیز سوال کنم و شما هم این سوال‌ها را از خودتان بپرسید و بعد جواب بدهید. همانطور که از یک دوست یا از یک رانندهٔ تاکسی یا از هر کسی که به شما توجه می‌کند یا با آن‌ها رابطه دارید، کم و بیش تشکر می‌کنید، حال باید بگویم که آیا تا به حال از چه کسانی تشکر کرده‌اید؟ برای چه؟

آیا شکرگزار خداوند متعال هم هستید؟

این نوع سوال‌ها می‌تواند دیدگاه شما را نسبت به زندگی **وسیع‌تر** کنند. در خلوتگاه خود به پاسخ پرسش‌های‌تان می‌رسید. به فکر ادامهٔ حیات باشید و یک‌بار برای همیشه، درست‌ترین تصمیم زندگی خودتان را بگیرید.

یک‌بار با خودتان روبرو شوید، خواسته‌ها، اهداف و انتخاب‌هایتان را دریابید. اگر زمانی را از دست بدهید، دیگر هیچ موقع به آن موقعیت بازنخواهد گشت، پس بهتر است همین الان برخیزید. هیچ کس نمی‌تواند یا اجازه ندارد که به شما بگوید چطور زندگی کنید یا چطور زندگی نکنید، بلکه این خودتان هستید که اراده می‌کنید تا فصل تازه‌ای از زندگی و روابط را ادامه بدهید تا با آگاهی و اقدام درست به هدف دلخواهتان برسید.

بله، این خودمان هستیم که می‌توانیم خود را موفق یا شکست‌خورده بدانیم، پس بهتر است برای شکوفا شدن، تصمیم درست و عقلانه بگیریم و با اراده کردن و

داشتن پشتکار و استقامت، هر غیرممکنی را به ممکن تبدیل کنیم و برای موفق شدن و رسیدن به بهترین‌های زندگی باید **مسئولیت** صفر تا صد خواسته‌ها، روابط و اهداف را در دست بگیریم. مسئولیت‌پذیری، پله است. برای حرکت به سوی پلهٔ بعدی موفقیت، به خواسته‌های خود **وفادار** باشید، همان‌طور که به خانوادهٔ خود وفادارهستید. به انتخاب‌ها، اهداف و روابط عاطفی هم وفادار باشید. با یک **نه یا شکست** عقب نکشید، **فکر خلاق** داشته باشید، **قدرت عمل** در مقابل علم را بپذیرید و در زندگی روزمرهٔ خودتان آن‌ها را نمایان کنید. یادتان باشد که در وادی زندگی **تشنهٔ یادگیری** باشید، در تمام شرایط سطح خود را بالا ببرید و برای بهبود بهتر شدن زندگی‌تان و در آخر برای خواسته‌های واقعی زندگی‌تان **تسلط کامل** و **نفوذ** داشته باشید...

تجزیه و تحلیل و ریشه‌یابی واژهٔ کامل موفقیت

موفقیت

م: مسولیت پذیری

و: وفاداری

ف: فکر خلاق

ق: قدرت عمل در مقابل علم

ی: یادگیری

ت :تسلط

آگاه باشید و دلایل ناآرامی، شکست و موفقیت خود را ریشه‌یابی کنید، در این صورت به درستی متوجه می‌شوید که چه گام‌های استوار یا سستی برای موفقیت یا شکست داشته‌اید.

امیدوارم شما عزیزان هم با مطالعهٔ این کتاب باارزش به پاسخ سوال‌های ذهنی خود برسید و آن‌ها را در گذر عمر مفید خود با توجه کامل و مثبت‌اندیشی و تمرکز برروی خواسته‌های واقعی زندگی‌تان، آن‌ها را در نظر گرفته و یک‌بار برای همیشه، بلند شوید تا رسالت یک انسان شایسته را از خود به نمایش بگذارید و از زندگی‌تان **شاهکار** بسازید.

چند کتاب پیشنهاد سردبیر انتشارات برای شما

برای تهیه کتاب ها از آمازون یا وبسایت انتشارات می توانید بارکدهای زیر را اسکن کنید

Amazon.com

kphclub.com

Kidsocado Publishing House
خانه انتشارات کیدزوکادو
ونکوور، کانادا

تلفن : +۱ (۸۳۳) ۶۳۳ ۸۶۵۴
واتس آپ: +۱ (۲۳۶) ۳۳۳ ۷۲۴۸
ایمیل:info@kidsocado.com
وبسایت انتشارات: https://kidsocadopublishinghouse.com
وبسایت فروشگاه: https://kphclub.com